江西省农村公路中小桥梁设计通用图（试行）

（第9册　共13册）

现浇钢筋混凝土连续空心板梁上部构造

编制单位　江西省公路科研设计院
批准部门　江 西 省 交 通 运 输 厅

编　　号：13-9
跨　　径：3×13m
斜 交 角：0°
荷　　载：公路—Ⅱ级
桥面宽度：5.0m、6.5m、7.5m、8.5m

人民交通出版社股份有限公司
China Communications Press Co.,Ltd.

图书在版编目（CIP）数据

江西省农村公路中小桥梁设计通用图：试行．9，现浇钢筋混凝土连续空心板梁上部构造 / 江西省公路科研设计院编制；江西省交通运输厅批准．—北京：人民交通出版社股份有限公司，2016.7

ISBN 978-7-114-13244-5

Ⅰ．①江…　Ⅱ．①江…　②江…　Ⅲ．①农村道路—跨径—公路桥—钢筋混凝土桥—桥梁设计—通用图—汇编—江西省　Ⅳ．①U448.142.5

中国版本图书馆 CIP 数据核字（2016）第 182859 号

江西省农村公路中小桥梁设计通用图（试行）

（第9册　共13册）

书　　名：**现浇钢筋混凝土连续空心板梁上部构造**
著 作 者：江西省公路科研设计院
责任编辑：赵瑞琴
出版发行：人民交通出版社股份有限公司
地　　址：（100011）北京市朝阳区安定门外外馆斜街3号
网　　址：http://www.ccpress.com.cn
销售电话：（010）59757973
总 经 销：人民交通出版社股份有限公司发行部
经　　销：各地新华书店
印　　刷：北京鑫正大印刷有限公司
开　　本：880×1230　1/8
印　　张：6.5
版　　次：2016年7月　第1版
印　　次：2016年7月　第1次印刷
书　　号：ISBN 978-7-114-13244-5
定　　价：280.00元（全套共13册　总定价：3900.00元）

序

近年来，江西省农村公路发展迅速，据2013年年底江西省公路电子地图数据统计，全省农村公路桥梁共计18568座/601754延米，其中农村公路四、五类危桥共计4917座/166080延米，约占农村公路桥梁总数的26.48%。虽然我们采取了多项措施加大了农村公路危桥改造工程建设，但省农村公路危桥改造目前仍然存在一些问题，农村公路危桥数量较多且呈增长趋势，农村公路桥梁安全形势仍然较严峻。因此，农村公路中小桥梁的设计施工和工程质量直接关系到我省农村公路网络的安全畅通和有效服务。

为贯彻科学发展观，保证中小跨径公路混凝土桥梁结构的安全度，提高结构的耐久性，实现设计和施工的标准化、生产的工厂化和机械化，并具有良好的可维修性和可更换性，江西省交通运输厅给江西省公路管理局下达《江西省农村公路中小桥梁设计通用图》编制计划，江西省公路管理局委托江西省公路科研设计院，针对全省农村公路桥梁的特点，编制了本系列通用图。

本系列通用图的内容涵盖了装配式后张法预应力混凝土箱梁（简支）、装配式后张法预应力混凝土空心板梁（简支）、装配式钢筋混凝土实心板梁（简支）、现浇钢筋混凝土箱梁（连续）、现浇钢筋混凝土空心板梁（简支和连续）、现浇钢筋混凝土实心板梁（简支）、现浇钢筋混凝土板拱桥等上部结构形式及相应的下部结构形式。

本系列通用图的编制主要依据《公路工程技术标准》（JTG B01—2014）《公路桥涵设计通用规范》（JTG D60—2015）《公路钢筋混凝土及预应力混凝土桥涵设计规范》（JTG D62—2004）和《公路桥涵施工技术规范》（JTG/T F50—2011）等标准规范。

具体使用时，要求充分理解设计规范的意图和通用图的设计本意，结合工程项目的具体情况，予以完善和补充。设计单位和业主可以根据项目的具体情况，在本系列通用图中提出的设计要求的基础上，对某些设计要求予以一定的提高，并在详细的核算后予以调整。

期望本系列通用图的出版，能为实现资源节约型、环境友好型交通发展，进一步提高全省农村公路桥梁建设的可持续发展，有一定的启迪和促进作用。

参加本系列通用图编制的成员主要有钱济章、徐友才、刘辉、肖琦、周海旺、涂昀、梁靓、邓凌燕、龚汉清、钟曙亮、彭德清、吴义林、涂文玲、周琦、涂清艳等。

本系列通用图咨询单位为中交第一公路勘察设计研究院有限公司。

在此向支持和关心本项目工作的江西省交通运输厅和江西省公路管理局等单位的领导及参与项目技术审查的专家们一并表示感谢！

江西省公路科研设计院

二〇一六年五月

总 目 录

序号	图 册 名 称	主 要 技 术 标 准			
		跨径（m）	汽车荷载等级	桥面宽度（m）	斜交角
一	上部结构				
1	装配式后张法预应力混凝土简支箱梁上部构造	20	公路—Ⅱ级	5.0、6.5、7.5、8.5	0°
2	装配式后张法预应力混凝土简支空心板梁上部构造	16	公路—Ⅱ级	5.0、6.5、7.5、8.5	0°、15°、30°
3		13	公路—Ⅱ级	5.0、6.5、7.5、8.5	0°、15°、30°
4	装配式钢筋混凝土简支实心板梁上部构造	10	公路—Ⅱ级	5.0、6.5、7.5、8.5	0°、15°、30°
5		8	公路—Ⅱ级	5.0、6.5、7.5、8.5	0°、15°、30°
6		6	公路—Ⅱ级	5.0、6.5、7.5、8.5	0°、15°、30°
7		5	公路—Ⅱ级	5.0、6.5、7.5、8.5	0°、15°、30°
8	现浇钢筋混凝土连续箱梁上部构造	3×16	公路—Ⅱ级	5.0、6.5、7.5、8.5	0°
9	现浇钢筋混凝土连续空心板梁上部构造	3×13	公路—Ⅱ级	5.0、6.5、7.5、8.5	0°
10	现浇钢筋混凝土简支空心板梁上部构造	13	公路—Ⅱ级	5.0、6.5、7.5、8.5	0°、15°、30°
11	现浇钢筋混凝土简支实心板梁上部构造	10	公路—Ⅱ级	5.0、6.5、7.5、8.5	0°、15°、30°
		8	公路—Ⅱ级	5.0、6.5、7.5、8.5	0°、15°、30°
		6	公路—Ⅱ级	5.0、6.5、7.5、8.5	0°、15°、30°
		5	公路—Ⅱ级	5.0、6.5、7.5、8.5	0°、15°、30°
12	现浇钢筋混凝土板拱	13	公路—Ⅱ级	5.0、6.5、7.5、8.5	0°
		10	公路—Ⅱ级	5.0、6.5、7.5、8.5	0°
二	下部及附属结构				
13	下部及附属结构	5、6、8、10、13、16、20	公路—Ⅱ级	5.0、6.5、7.5、8.5	

本册目录

说　明

一、技术标准与设计规范

1.《公路工程技术标准》JTG B01—2014

2.《公路桥涵设计通用规范》JTG D60—2015

3.《公路钢筋混凝土及预应力混凝土桥涵设计规范》JTG D62—2004

4.《公路桥涵施工技术规范》JTG/T F50—2011

5.《公路交通安全设施设计技术规范》JTG D81—2006

6.《钢筋焊接网混凝土结构技术规程》JGJ 114—2014

二、技术指标

主要技术指标表

公路等级	设计荷载	桥面宽度（m）	车道数	斜交角（°）	梁高（m）	设计安全等级	环境类别
三、四级公路	公路—Ⅱ级	5.0	1	0	0.7	二级	Ⅰ、Ⅱ类
		6.5	1				
		7.5	2				
		8.5	2				

三、主要材料

1.混凝土

（1）水泥：应采用高品质的强度等级为52.5级、42.5级的硅酸盐水泥或普通水泥，同一座桥的板梁应采用同一品种水泥，不得采用复合水泥或变质水泥。

（2）粗集料：应采用连续级配，碎石宜采用锤击式破碎生产。碎石最大粒径不宜超过20mm，以防混凝土浇筑困难或振捣不密实。

（3）混凝土：现浇空心板梁采用C40；桥面铺装采用C40防水混凝土。

2.普通钢材

普通钢筋采用HPB300和HRB400钢筋，钢筋应符合《钢筋混凝土用热轧光圆钢筋》（GB 1499.1—2008）和《钢筋混凝土用热轧带肋钢筋》（GB 1499.2—2007）的规定。凡钢筋直径大于或等于12mm者，采用HRB400热轧带肋钢；凡钢筋直径小于12mm者，采用HPB300钢筋。

本册图纸中HPB300钢筋主要采用了直径d=10mm一种规格；HRB400钢筋主要采用了直径d=12mm、25mm两种规格。

3.其他材料

（1）钢板：钢板应采用符合《碳素结构钢》GB/T 700—2006规定的Q235B钢板。

（2）支座：采用板式橡胶支座，其材料和力学性能均应符合《公路桥梁板式橡胶支座规格系列》JT/T 663—2006等相关标准的规定。

四、设计要点

1.现浇空心板梁按钢筋混凝土构件设计，其内力计算采用平面杆系有限元程序。

2.设计参数：

1）混凝土：重力密度 γ=26.0kN/m^3，弹性模量为E=3.25×10^{4}MPa。

2）设计计算平面杆系结构计算软件计算。

3）整体升温25℃，整体降温−25℃。

4）竖向梯度温度效应：按现行规范水泥混凝土铺装取值，T25/6.7℃、T−12.5/−3.35℃。

5）年平均相对湿度：55%。

3.空心板梁采用满堂支架浇筑的施工方法。

4.空心板梁不设置预拱度。

5.本设计图按3跨布置，同时适用于4～5跨的布置形式，其边、中跨构造及配筋参照本图第1（3）、2跨布置。

6.空心板梁最大支反力（恒载＋活载）：

最大支反力（kN）

宽度 \ 支点位置	端支点	中墩支点
路基宽度 5.0m	711	1266
路基宽度 6.5m	834	1473
路基宽度 7.5m	870	1616
路基宽度 8.5m	936	1775

五、施工要点

有关桥梁的施工工艺、材料要求及质量检查标准，除符合《公路桥涵施工技术规范》（JTG/T F50—2011）有关条文规定外，还应特别注意以下事项：

1.空心板梁采用满堂支架施工，每次应搭起整孔支架，同时应严格控制支架的沉降，浇筑混凝土前应对支架进行预压，以减少非弹性变形并检验支架的承载能力，预压荷载不小于支架需承受全部荷载的1.1倍，待支架沉降稳定后方可施工。

2.钢筋的下料、焊接应符合相关施工规范要求，布筋时，如发生钢筋与钢筋之间互相干扰，应本着构造筋给主钢筋让位、细钢筋给粗钢筋让位的原则适当移动。

3.浇筑空心板梁时，应捣实混凝土，特别是钢筋密集处的混凝土，防止出现蜂窝状。混凝土浇筑完毕，应及时予以养护，以确保其质量。

4.拆卸支架应待梁体混凝土的强度均达到设计强度时方可进行，落架应遵循全孔多点、对称、缓慢、均匀和分级的原则，从跨中向支点拆卸。

5.其他

1）本通用图设计钢筋长度未考虑折减，实际施工下料时应按照有关施工规范要求进行控制。

2）安装板式橡胶支座时，应严格控制支座高程，保证其上下表面与空心板底面及墩台支承垫石顶面平整密贴、传力均匀，避免支座脱空。

3）内模材料应选用强度高不易变形的材料，如可选用PVC管、聚苯乙烯泡沫内芯等材料。

4）浇筑混凝土时应注意采取措施，防止内模上浮。

六、适用范围

1.本通用图适用于三、四级公路上的农村公路桥梁，修建桥梁时，根据实际情况，可参考本通用图修建漫水桥和过水桥。

2.使用本通用图时，应根据桥位处气象条件，选择合适伸缩缝。施工时应根据伸缩缝安装时的温度来确定其安装宽度。

3.本图设计荷载等级为公路—Ⅱ级，当有超载、超限车辆通过时，应进行结构验算，并采取相应加强措施。

4.设计参数与本图有差异时应另行设计。

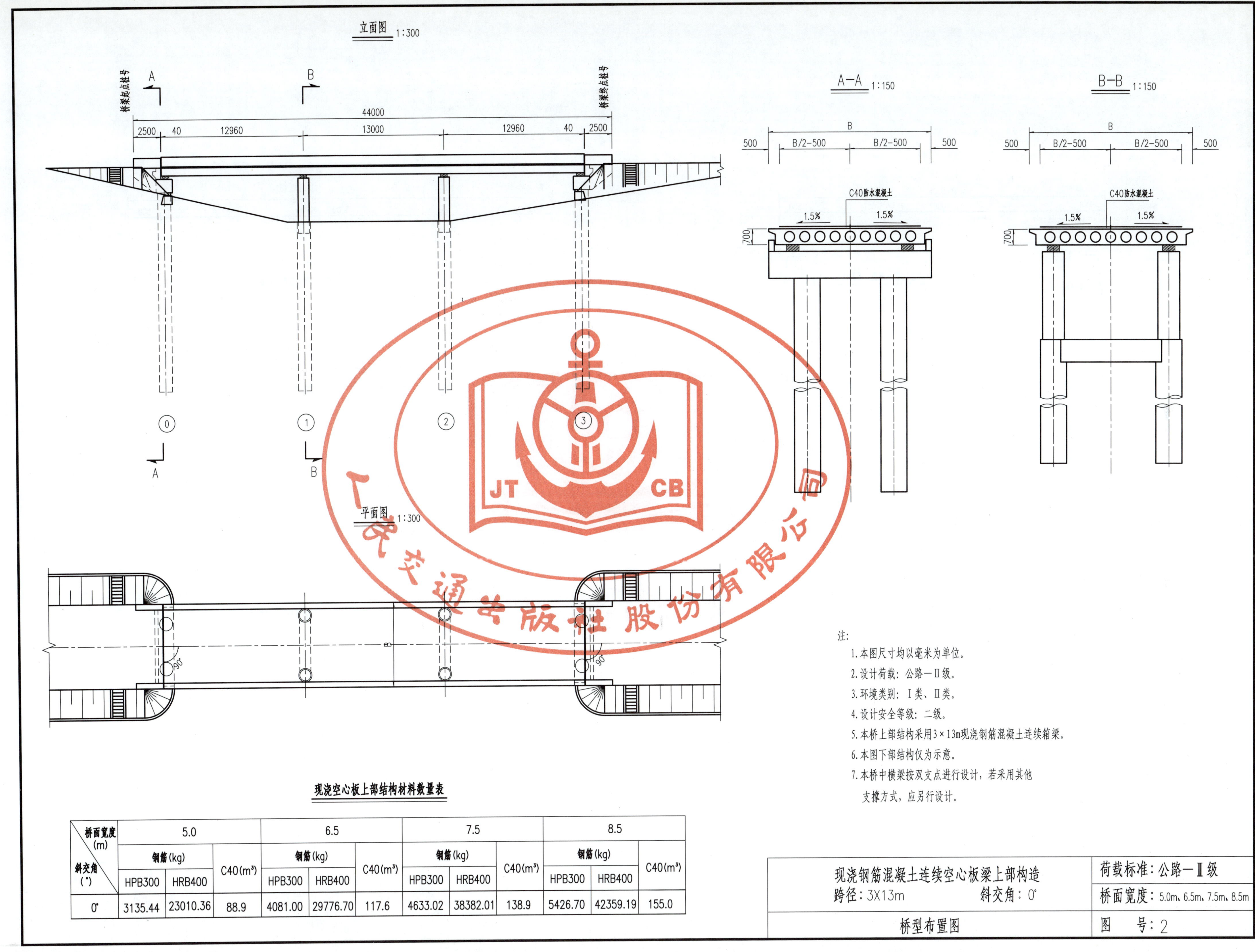

注：

1. 本图尺寸均以毫米为单位。
2. 设计荷载：公路—Ⅱ级。
3. 环境类别：Ⅰ类、Ⅱ类。
4. 设计安全等级：二级。
5. 本桥上部结构采用3×13m现浇钢筋混凝土连续箱梁。
6. 本图下部结构仅为示意。
7. 本桥中横梁按双支点进行设计，若采用其他支撑方式，应另行设计。

现浇空心板上部结构材料数量表

桥面宽度(m) / 斜交角(°)	5.0			6.5			7.5			8.5		
	钢筋(kg)		C40(m³)	钢筋(kg)		C40(m³)	钢筋(kg)		C40(m³)	钢筋(kg)		C40(m³)
	HPB300	HRB400		HPB300	HRB400		HPB300	HRB400		HPB300	HRB400	
0°	3135.44	23010.36	88.9	4081.00	29776.70	117.6	4633.02	38382.01	138.9	5426.70	42359.19	155.0

现浇钢筋混凝土连续空心板梁上部构造 跨径：3X13m　　斜交角：0°	荷载标准：公路—Ⅱ级
	桥面宽度：5.0m、6.5m、7.5m、8.5m
桥型布置图	图　号：2

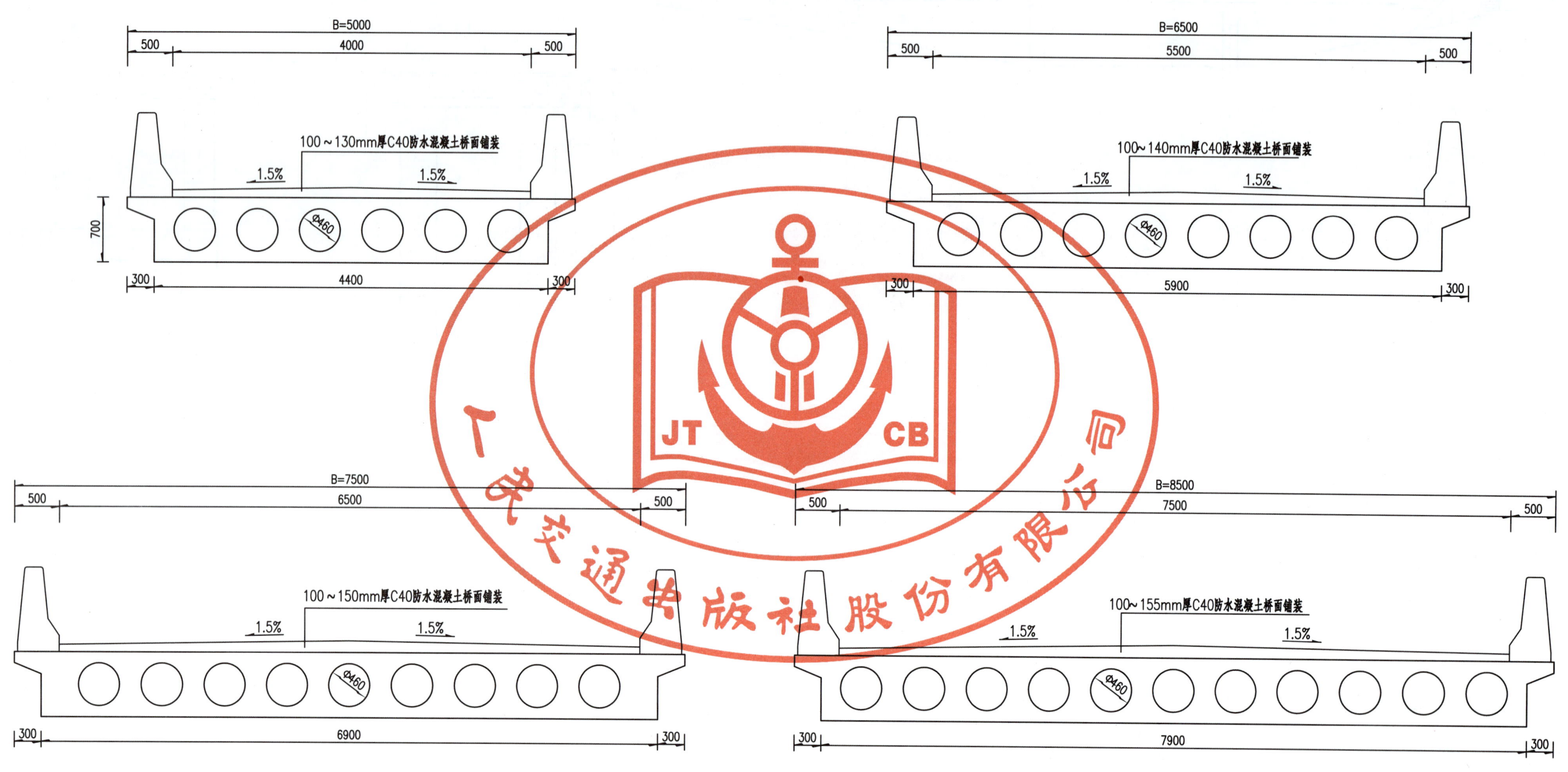

注:

1. 本图尺寸除注明者外，余均以毫米为单位。
2. 本图板的断面形式仅为示意，板的详细尺寸另见《空心板一般构造图》。

现浇钢筋混凝土连续空心板梁上部构造 跨径：3X13m　　斜交角：0°	荷载标准：公路—Ⅱ级
	桥面宽度：5.0m、6.5m、7.5m、8.5m
标准横断面图	图　号：3

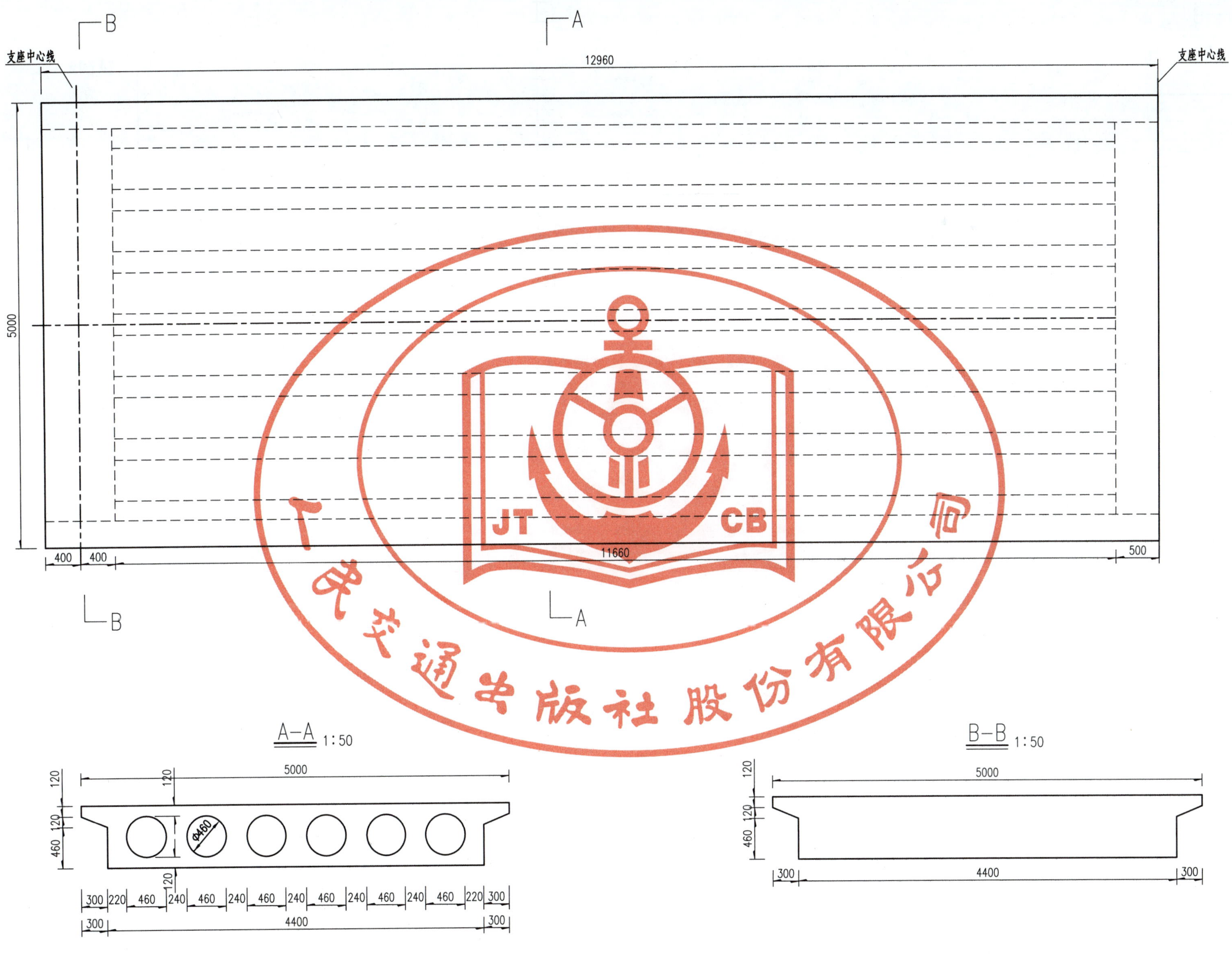

A—A 1:50

5000

120 120 460 120 120 Φ460

300 220 460 240 460 240 460 240 460 240 460 240 460 220 300

300 4400 300

B—B 1:50

5000

120 120 460

300 4400 300

注：

1. 本图尺寸均以毫米为单位。
2. 本图仅示出第1孔，第3孔与第1孔对称。

现浇钢筋混凝土连续空心板梁上部构造 跨径：3X13m　　斜交角：0°	荷载标准：公路—Ⅱ级 桥面宽度：5.0m
空心板一般构造图（一）	图　号：1-4-1

第2孔顶板平面 1:50

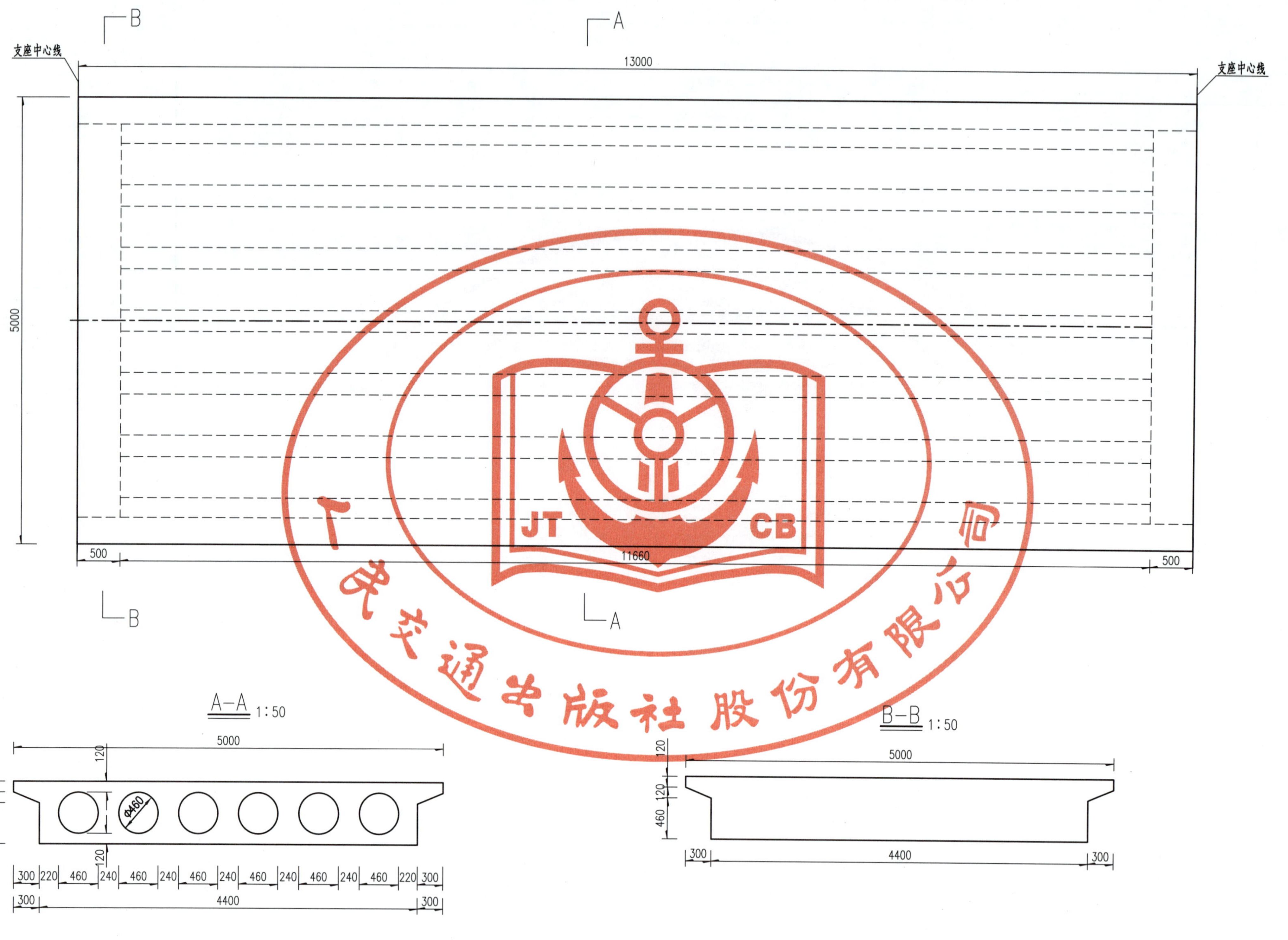

注：

本图尺寸均以毫米为单位。

现浇钢筋混凝土连续空心板梁上部构造 跨径：3X13m　　斜交角：0°	荷载标准：公路—Ⅱ级 桥面宽度：5.0m
空心板一般构造图（二）	图　号：1-4-2

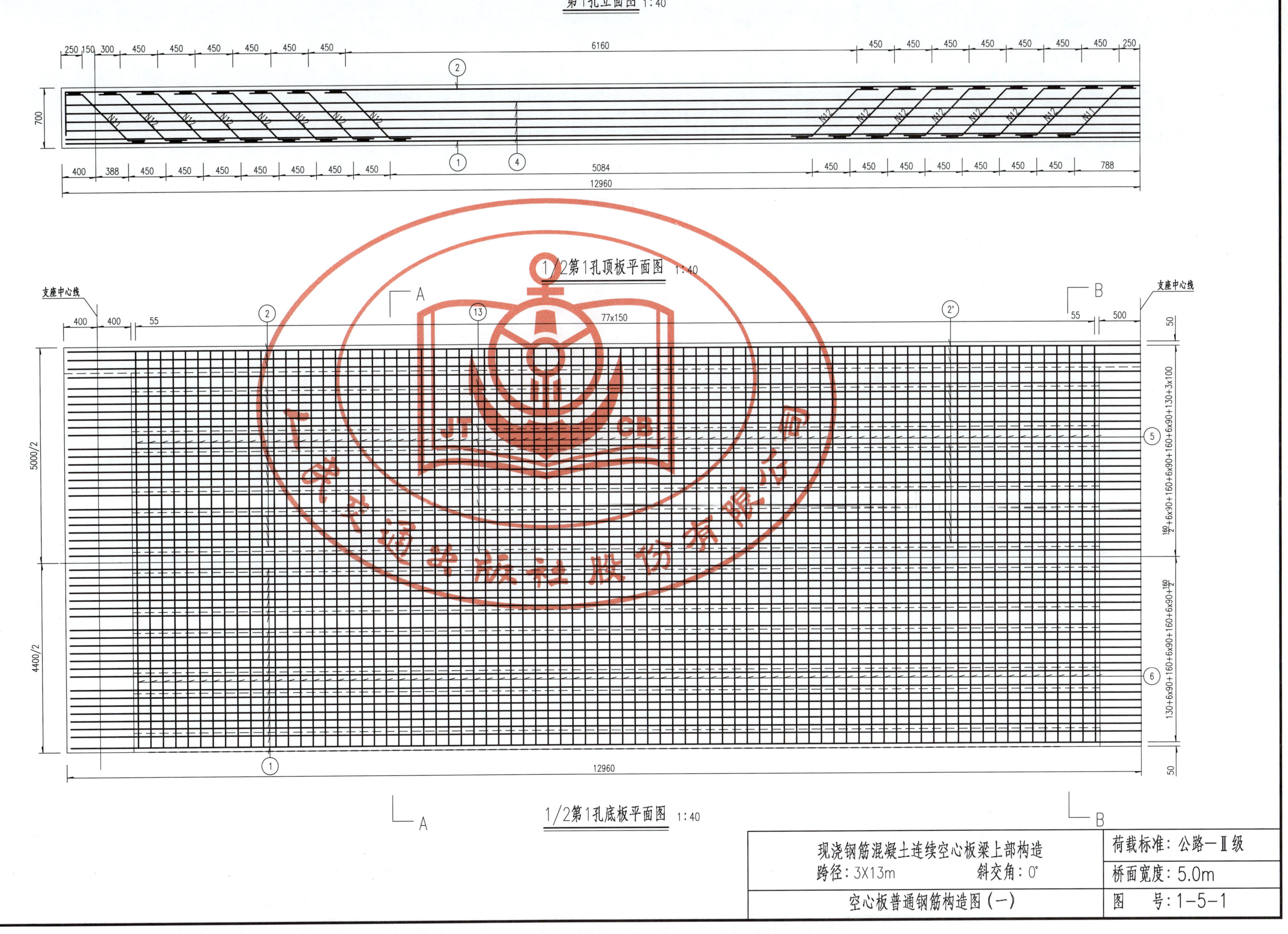
第1孔立面图 1:40
1/2第1孔顶板平面图 1:40
1/2第1孔底板平面图 1:40
支座中心线
77x150
12960
6160
5084
700
5000/2
4400/2
130+6x90+160+6x90+160+6x90+160/2
160/2+6x90+160+6x90+160+6x90+130+3x100
现浇钢筋混凝土连续空心板梁上部构造
跨径：3X13m 斜交角：0°
空心板普通钢筋构造图（一）
荷载标准：公路—Ⅱ级
桥面宽度：5.0m
图 号：1-5-1

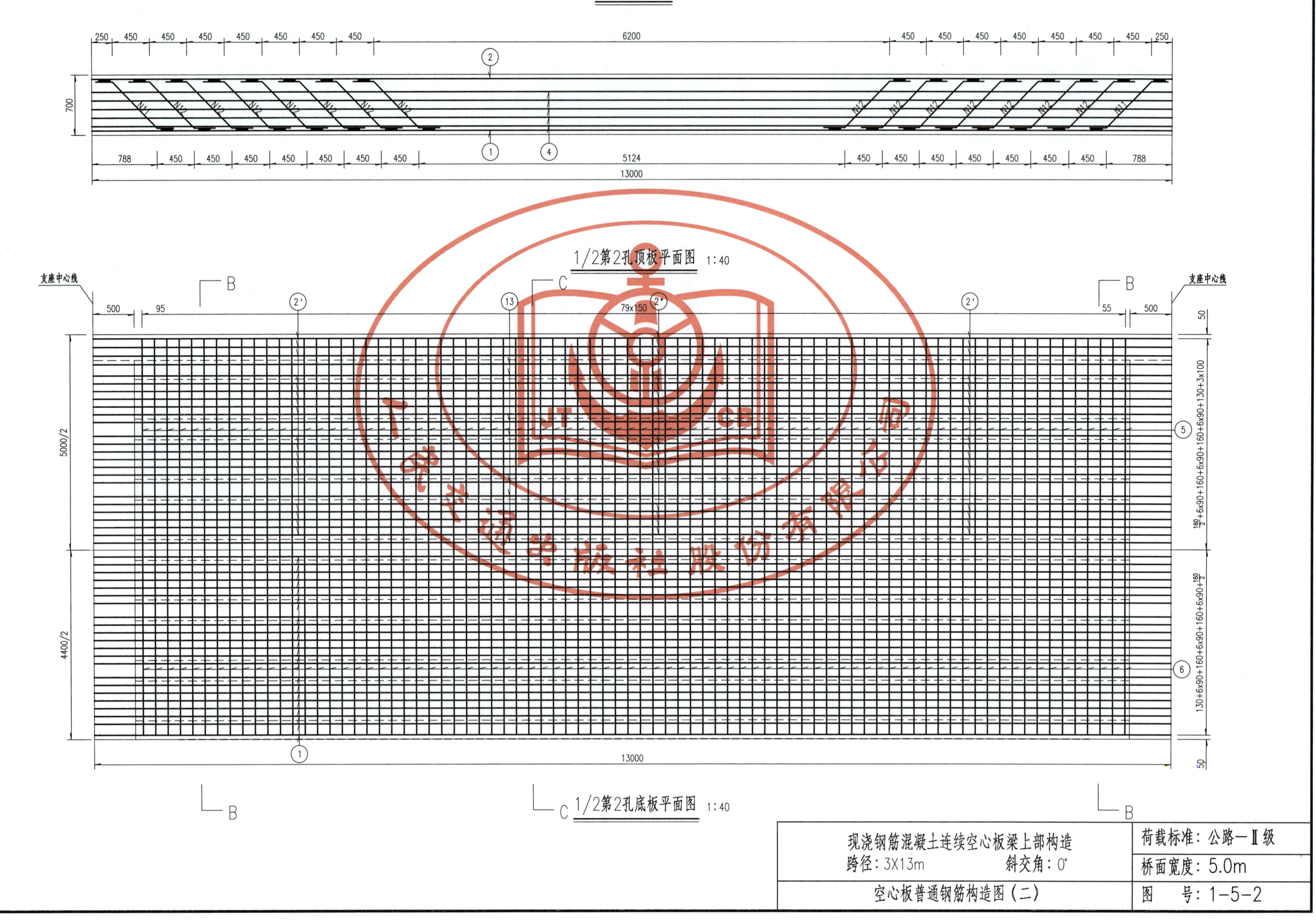

现浇钢筋混凝土连续空心板梁上部构造 跨径：3X13m　　斜交角：0°	荷载标准：公路—Ⅱ级
	桥面宽度：5.0m
空心板普通钢筋构造图（二）	图　　号：1-5-2

A—A 1:15

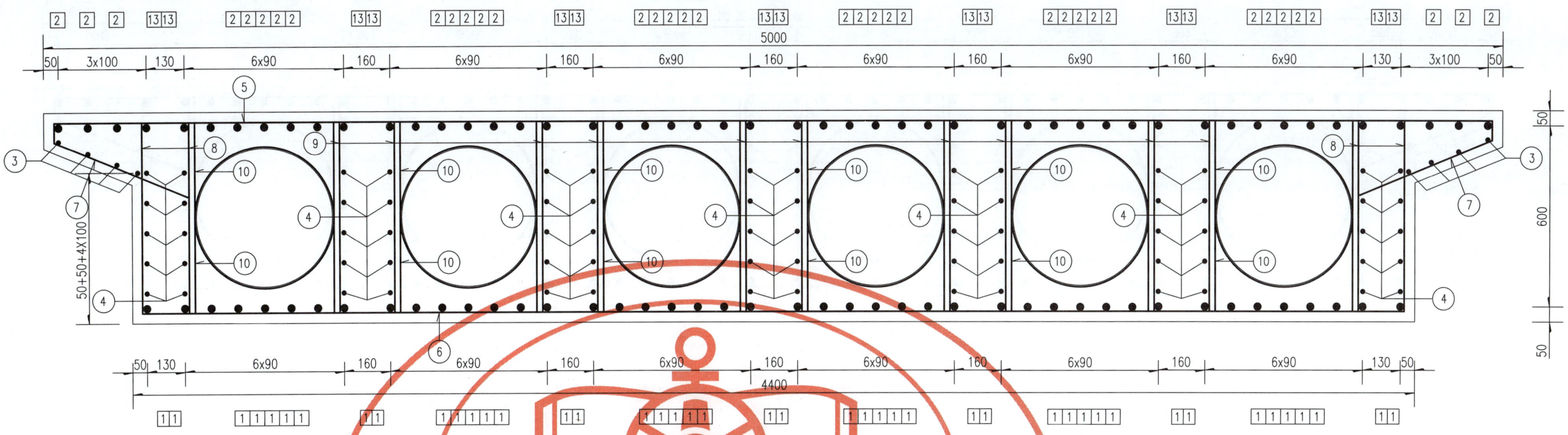

B—B 1:15

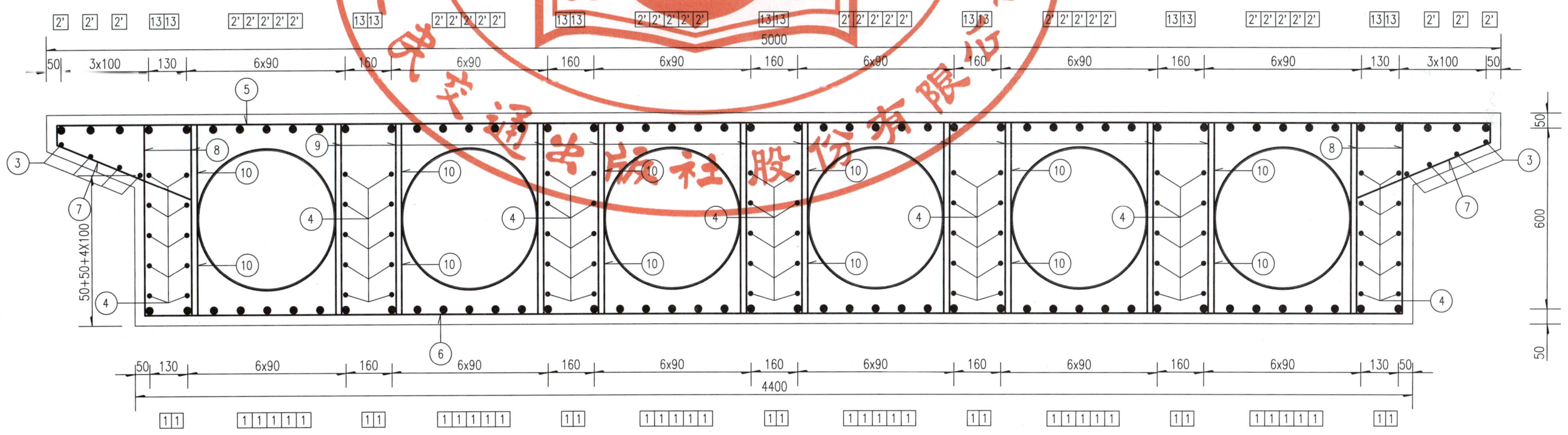

现浇钢筋混凝土连续空心板梁上部构造 跨径：3X13m　　斜交角：0°	荷载标准：公路—Ⅱ级
	桥面宽度：5.0m
空心板普通钢筋构造图（三）	图　号：1-5-3

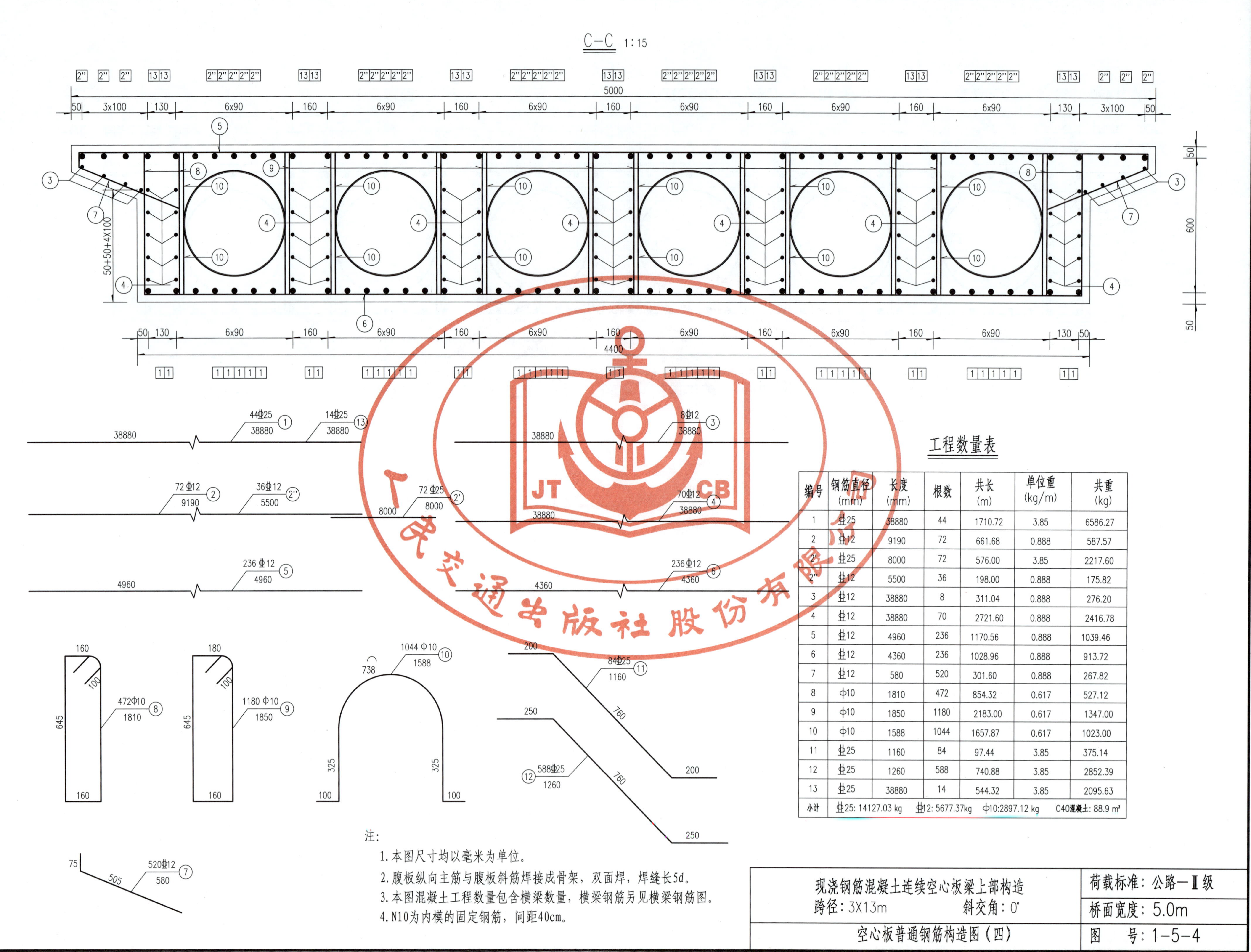

工程数量表

编号	钢筋直径 (mm)	长度 (mm)	根数	共长 (m)	单位重 (kg/m)	共重 (kg)
1	⌀25	38880	44	1710.72	3.85	6586.27
2	⌀12	9190	72	661.68	0.888	587.57
2'	⌀25	8000	72	576.00	3.85	2217.60
2''	⌀12	5500	36	198.00	0.888	175.82
3	⌀12	38880	8	311.04	0.888	276.20
4	⌀12	38880	70	2721.60	0.888	2416.78
5	⌀12	4960	236	1170.56	0.888	1039.46
6	⌀12	4360	236	1028.96	0.888	913.72
7	⌀12	580	520	301.60	0.888	267.82
8	Φ10	1810	472	854.32	0.617	527.12
9	Φ10	1850	1180	2183.00	0.617	1347.00
10	Φ10	1588	1044	1657.87	0.617	1023.00
11	⌀25	1160	84	97.44	3.85	375.14
12	⌀25	1260	588	740.88	3.85	2852.39
13	⌀25	38880	14	544.32	3.85	2095.63
小计	⌀25: 14127.03 kg	⌀12: 5677.37kg	Φ10:2897.12 kg	C40混凝土: 88.9 m³		

注:
1. 本图尺寸均以毫米为单位。
2. 腹板纵向主筋与腹板斜筋焊接成骨架，双面焊，焊缝长5d。
3. 本图混凝土工程数量包含横梁数量，横梁钢筋另见横梁钢筋图。
4. N10为内模的固定钢筋，间距40cm。

现浇钢筋混凝土连续空心板梁上部构造 跨径：3X13m　　斜交角：0°	荷载标准：公路—Ⅱ级 桥面宽度：5.0m
空心板普通钢筋构造图（四）	图　号：1-5-4

立面 1:20

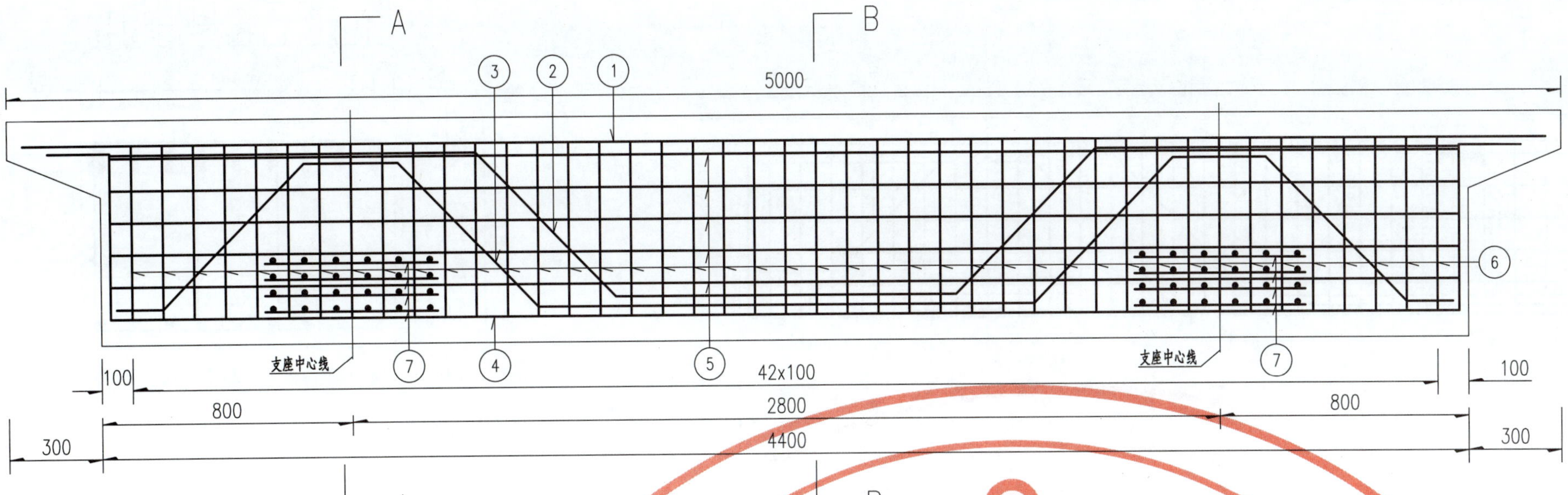

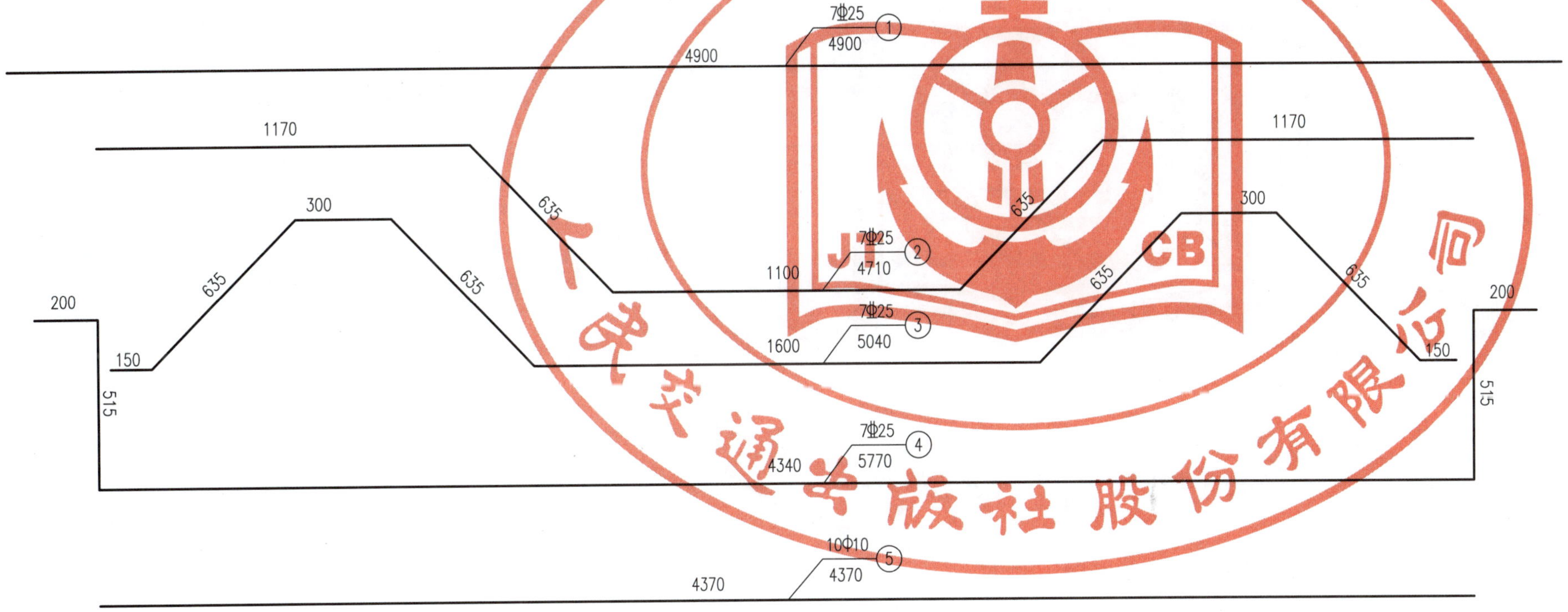

A-A 1:20

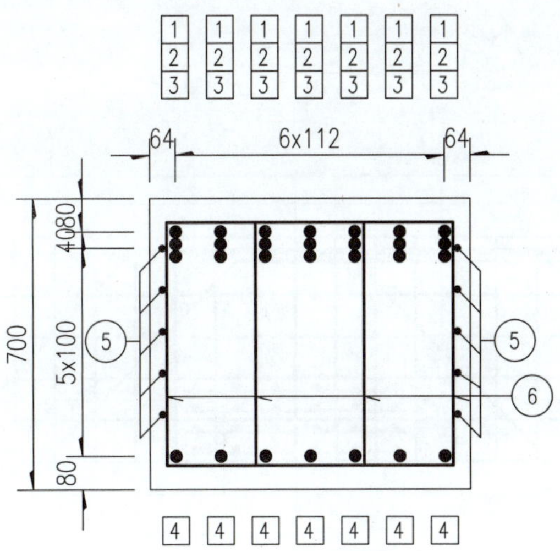

B-B 1:20

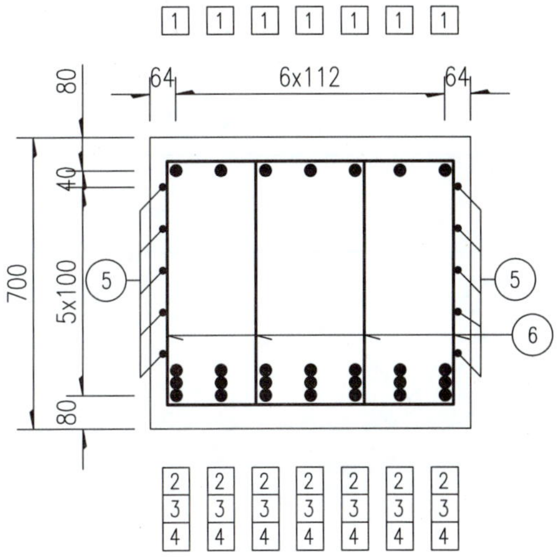

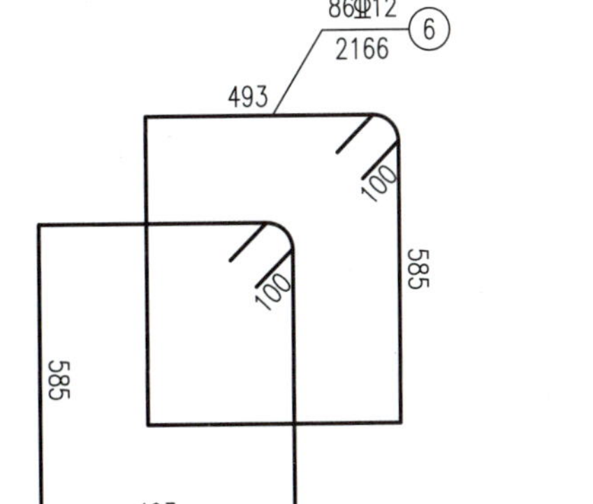

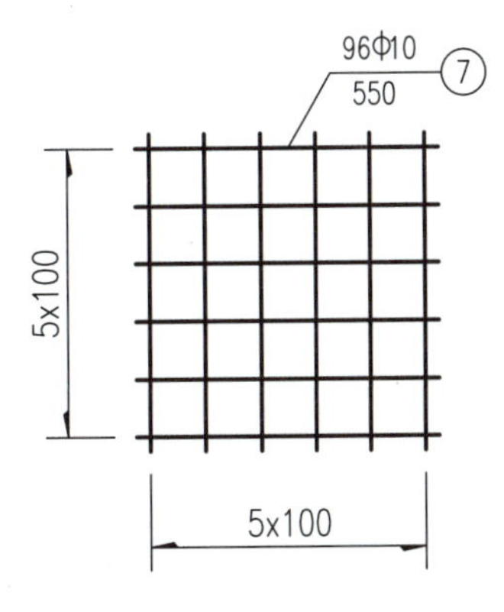

注:

1. 本图尺寸均以毫米为单位。
2. ①②③④号钢筋焊接成骨架，双面焊，焊缝长5d。
3. ⑦号钢筋为梁底加强钢筋网片，每层网片共计12根。钢筋网片间距8cm。

端横梁钢筋明细表

编号	直径(mm)	长度(mm)	根数	共长(m)	单位重(kg/m)	共重(kg)
1	Φ25	4900	7	34.30	3.85	132.06
2	Φ25	4710	7	32.97	3.85	126.94
3	Φ25	5040	7	35.31	3.85	136.00
4	Φ25	5770	7	40.39	3.85	155.50
5	Φ10	4370	10	43.70	0.617	27.00
6	Φ12	2166	86	186.28	0.888	165.42
7	Φ10	550	96	52.80	0.617	32.58
小计	Φ25: 550.50kg			Φ12: 165.42kg	Φ10: 59.58kg	

现浇钢筋混凝土连续空心板梁上部构造 跨径：3X13m 斜交角：0°	荷载标准：公路—Ⅱ级
	桥面宽度：5.0m
端横梁钢筋一般构造图	图 号：1-6

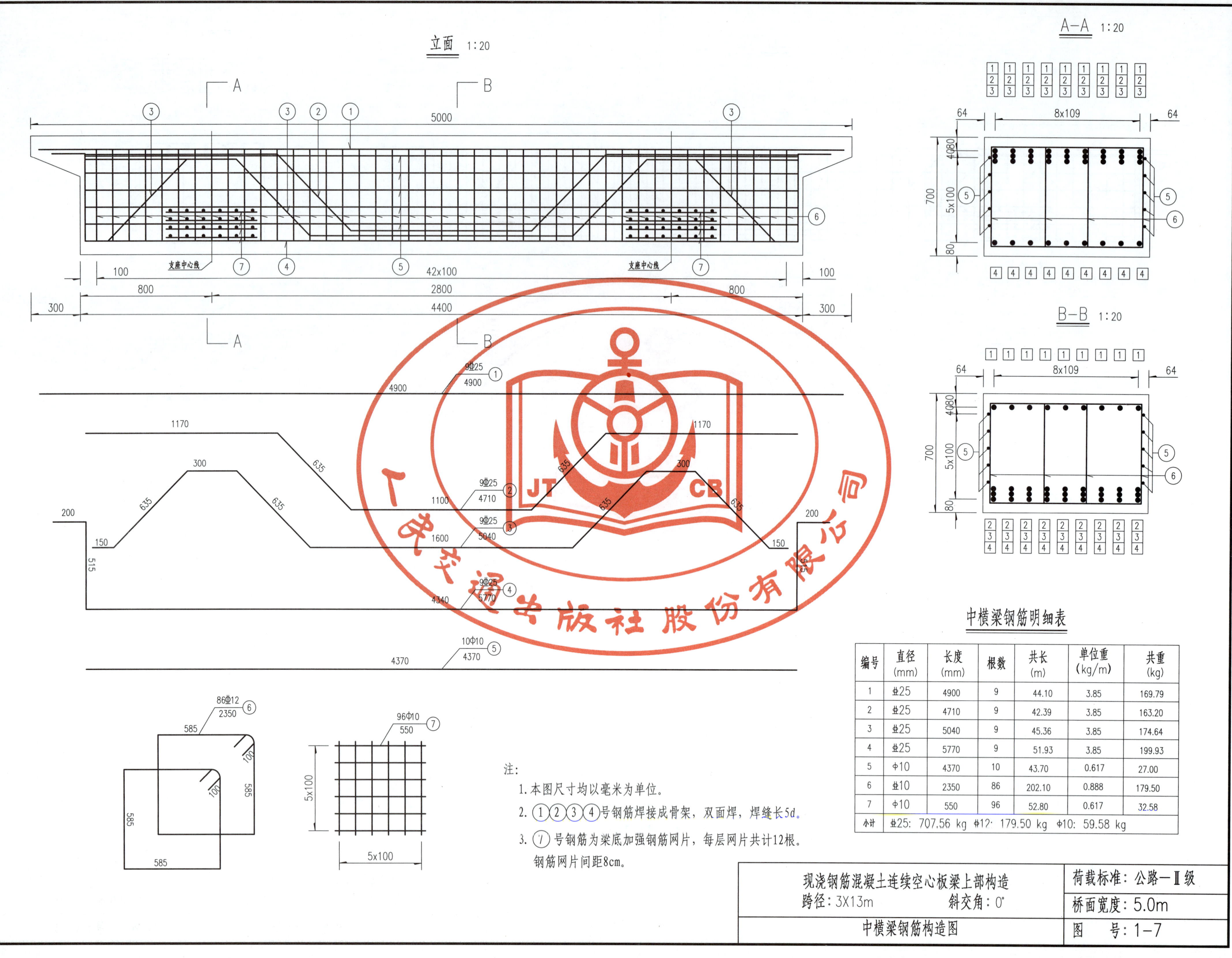

中横梁钢筋明细表

编号	直径 (mm)	长度 (mm)	根数	共长 (m)	单位重 (kg/m)	共重 (kg)
1	Φ25	4900	9	44.10	3.85	169.79
2	Φ25	4710	9	42.39	3.85	163.20
3	Φ25	5040	9	45.36	3.85	174.64
4	Φ25	5770	9	51.93	3.85	199.93
5	Φ10	4370	10	43.70	0.617	27.00
6	Φ10	2350	86	202.10	0.888	179.50
7	Φ10	550	96	52.80	0.617	32.58
小计	Φ25: 707.56 kg Φ12: 179.50 kg Φ10: 59.58 kg					

注：

1. 本图尺寸均以毫米为单位。
2. ①②③④号钢筋焊接成骨架，双面焊，焊缝长5d。
3. ⑦号钢筋为梁底加强钢筋网片，每层网片共计12根。钢筋网片间距8cm。

现浇钢筋混凝土连续空心板梁上部构造 跨径：3X13m 斜交角：0°	荷载标准：公路—Ⅱ级 桥面宽度：5.0m
中横梁钢筋构造图	图 号：1-7

板式支座布置示意图

注：

本图尺寸均以毫米为单位。

现浇钢筋混凝土连续空心板梁上部构造 跨径：3X13m　　斜交角：0°	荷载标准：公路—Ⅱ级 桥面宽度：5.0m
支座布置示意图	图　号：1—8

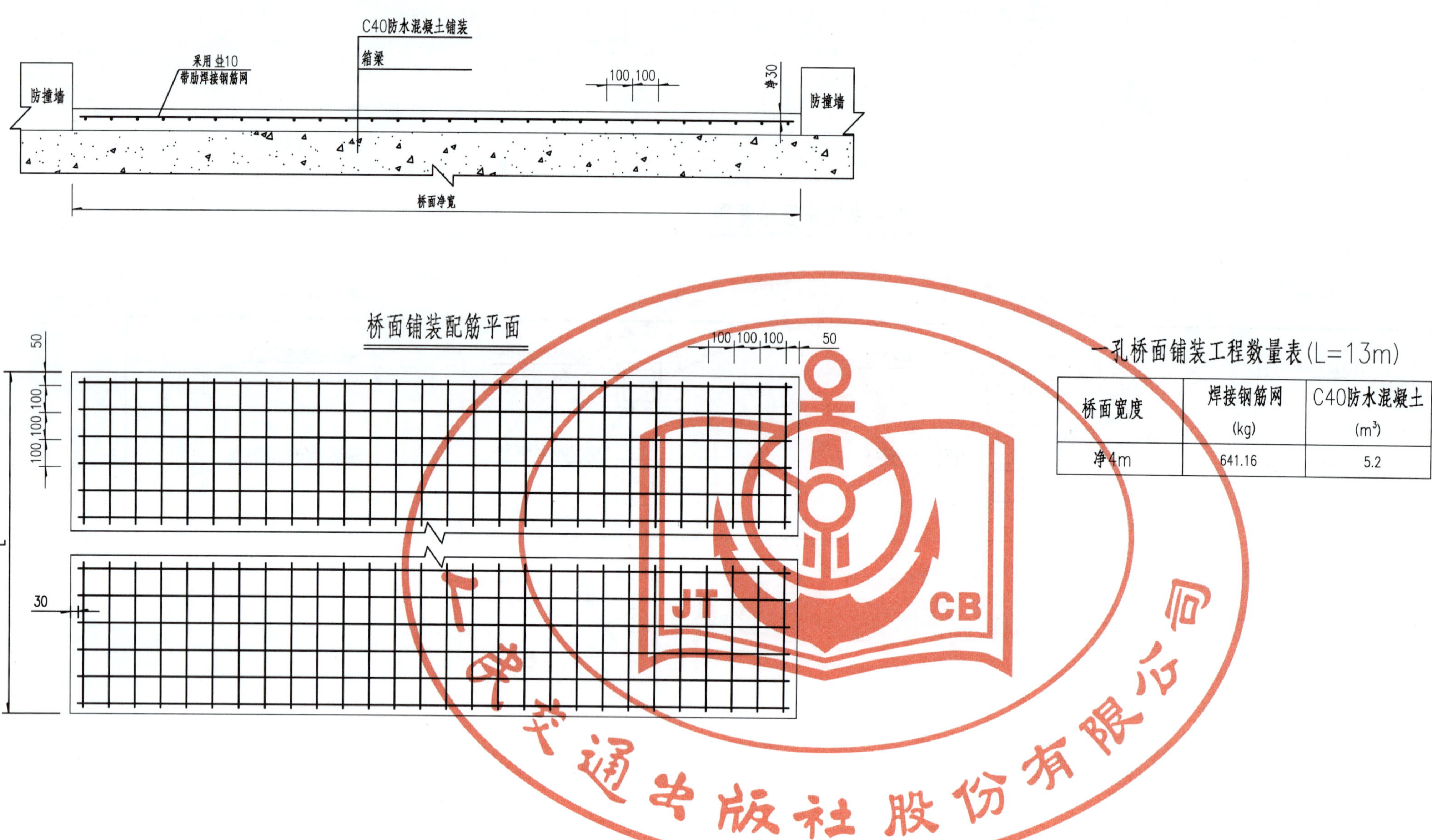

一孔桥面铺装工程数量表(L=13m)

桥面宽度	焊接钢筋网(kg)	C40防水混凝土(m^3)
净4m	641.16	5.2

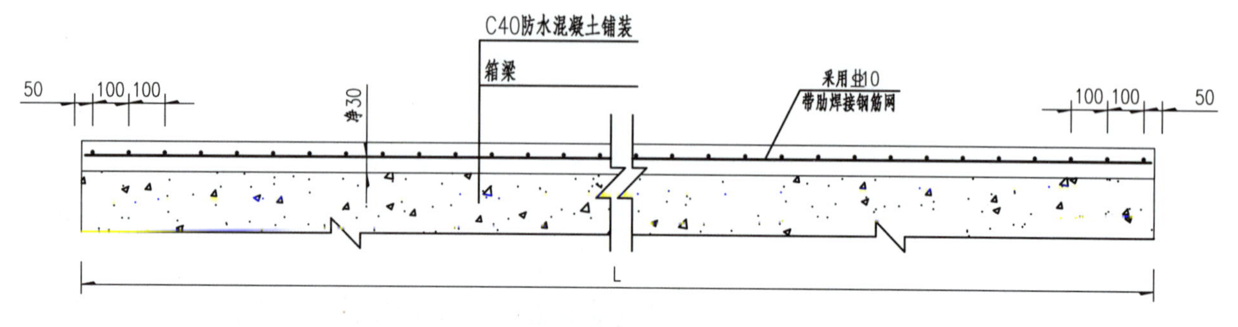

注:

本图尺寸均以毫米为单位。

现浇钢筋混凝土连续空心板梁上部构造 跨径:3X13m 斜交角:0°	荷载标准:公路—Ⅱ级
	桥面宽度:5.0m
桥面铺装钢筋构造图	图 号:1-9

第1孔顶板平面 1:50

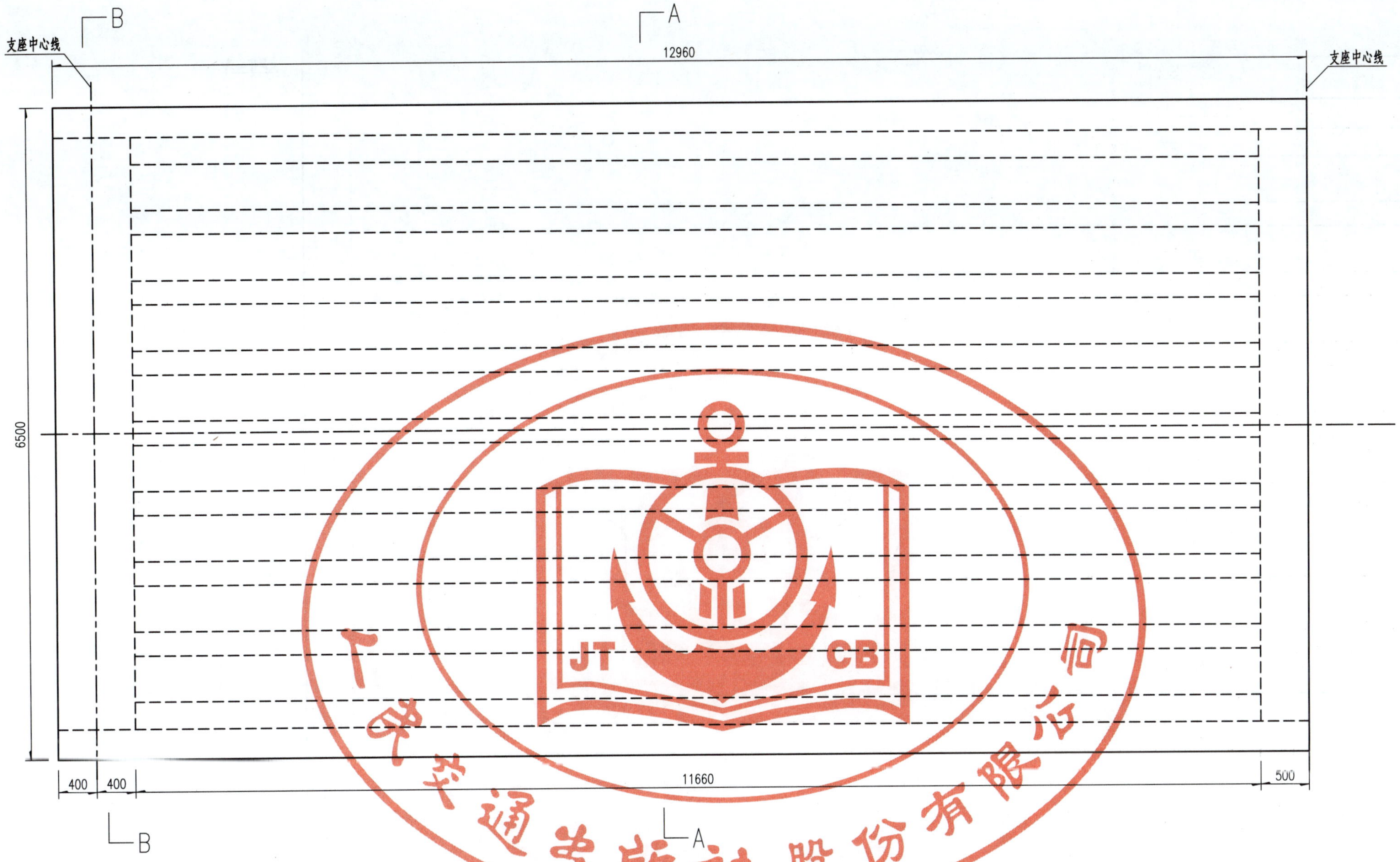

支座中心线 12960 支座中心线

6500

400 400 11660 500

A-A 1:50

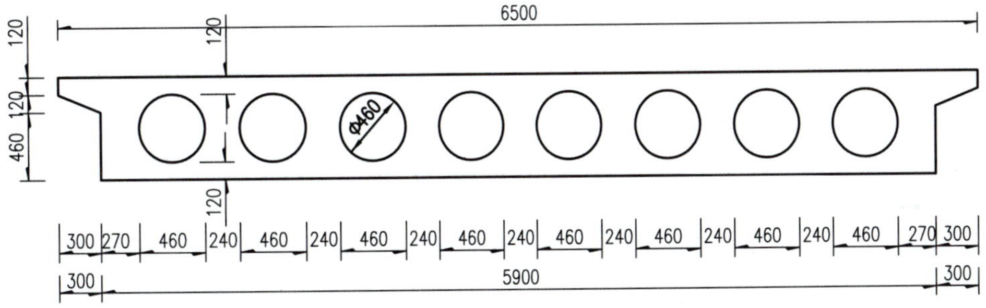

6500

120 120 460 120

300 270 460 240 460 240 460 240 460 240 460 240 460 240 460 240 460 270 300

300 5900 300

Φ460

B-B 1:50

6500

120 120 460

300 5900 300

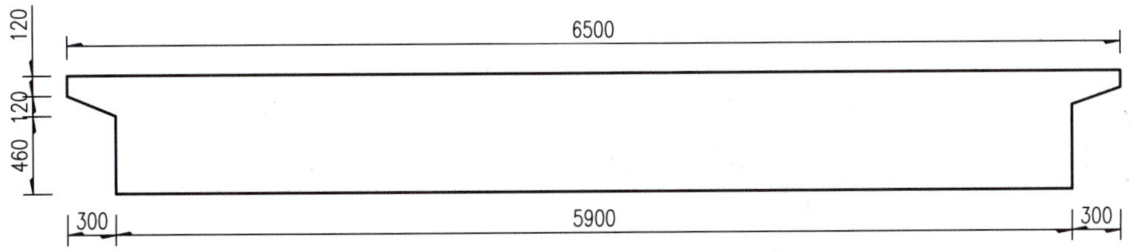

注:

1. 本图尺寸均以毫米为单位。
2. 本图仅示出第1孔，第3孔与第1孔对称。

现浇钢筋混凝土连续空心板梁上部构造 跨径：3X13m 斜交角：0°	荷载标准：公路—Ⅱ级
	桥面宽度：6.5m
空心板一般构造图（一）	图 号：2-4-1

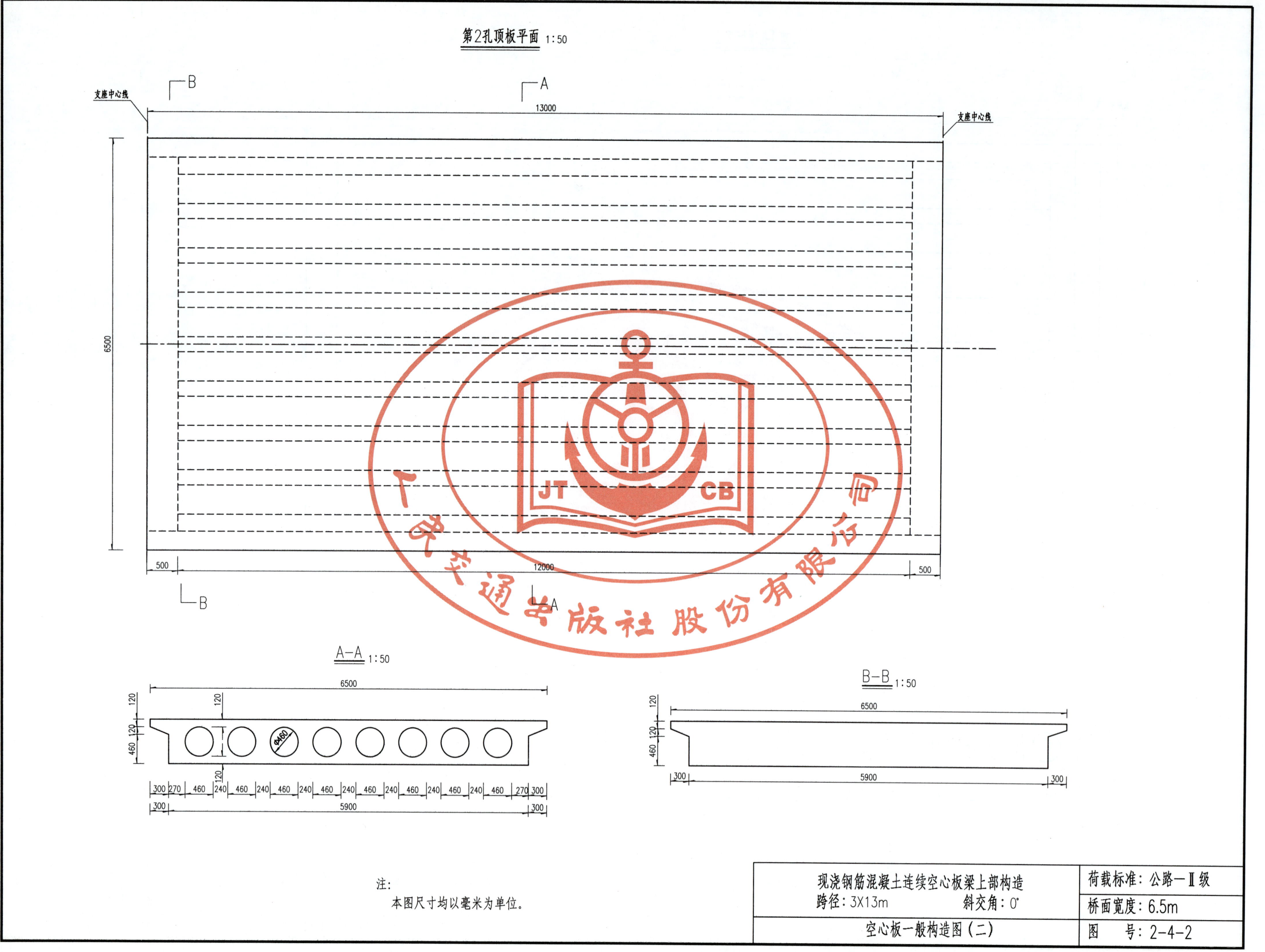

第2孔顶板平面 1:50
支座中心线
13000
支座中心线
6500
500
12000
500
A—A 1:50
6500
120
460
Φ460
300 270 460 240 460 240 460 240 460 240 460 240 460 240 460 240 460 270 300
5900
B—B 1:50
6500
5900
300
注：
本图尺寸均以毫米为单位。
现浇钢筋混凝土连续空心板梁上部构造
跨径：3X13m
斜交角：0°
荷载标准：公路—Ⅱ级
桥面宽度：6.5m
空心板一般构造图（二）
图 号：2-4-2

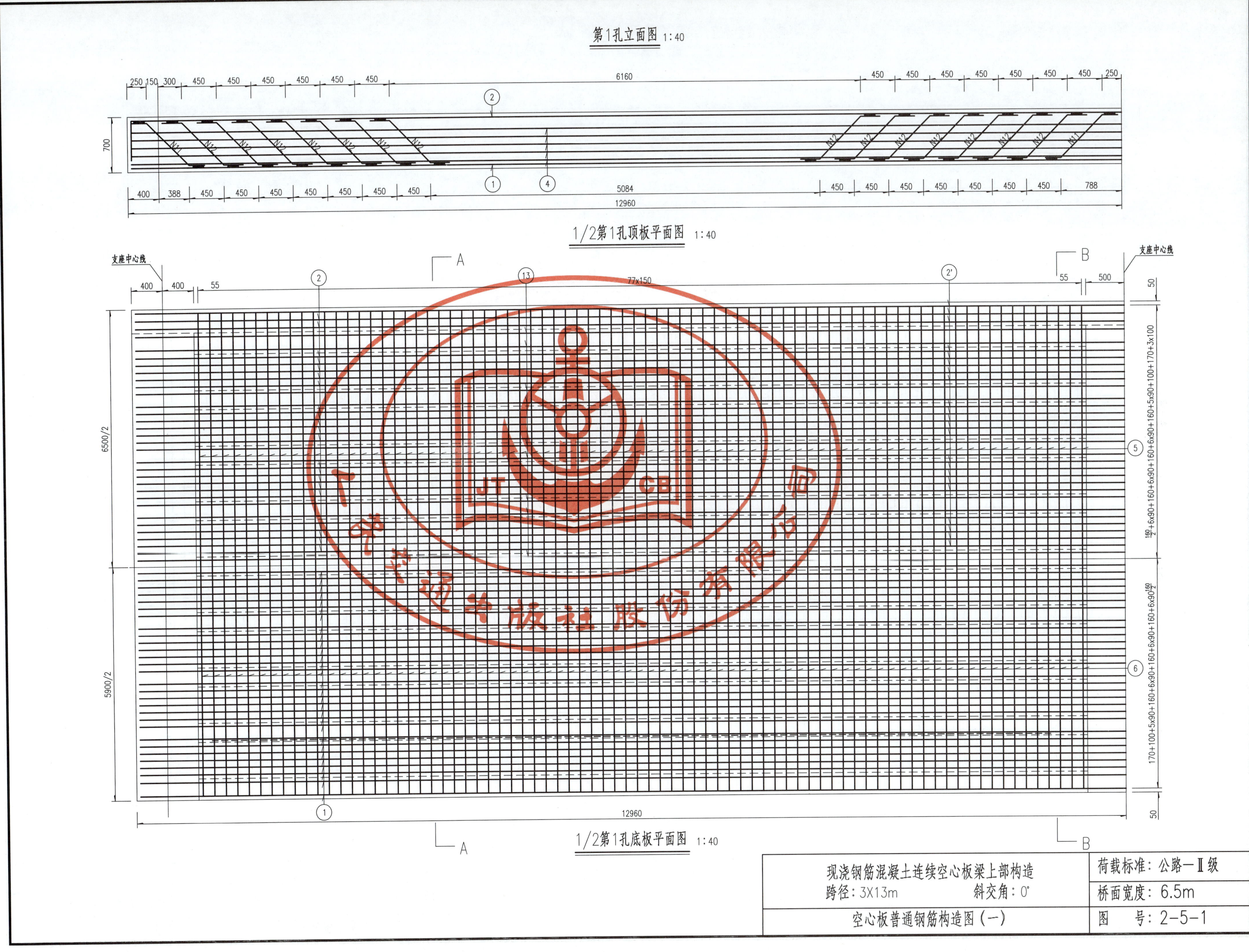

现浇钢筋混凝土连续空心板梁上部构造 跨径：3X13m　　斜交角：0°	荷载标准：公路—Ⅱ级
	桥面宽度：6.5m
空心板普通钢筋构造图（一）	图　号：2-5-1

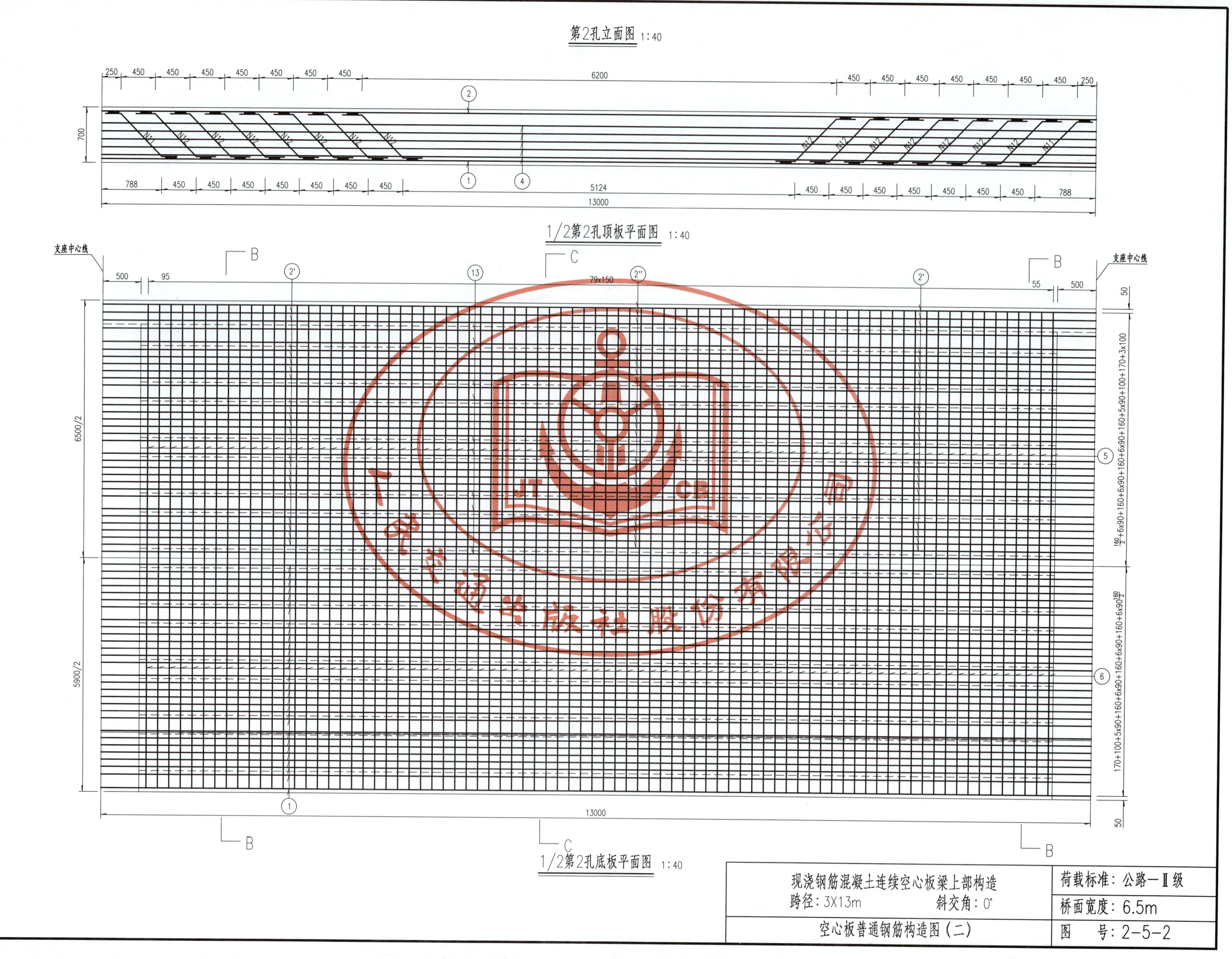

现浇钢筋混凝土连续空心板梁上部构造 跨径：3X13m　　斜交角：0°	荷载标准：公路—Ⅱ级
	桥面宽度：6.5m
空心板普通钢筋构造图（二）	图　号：2-5-2

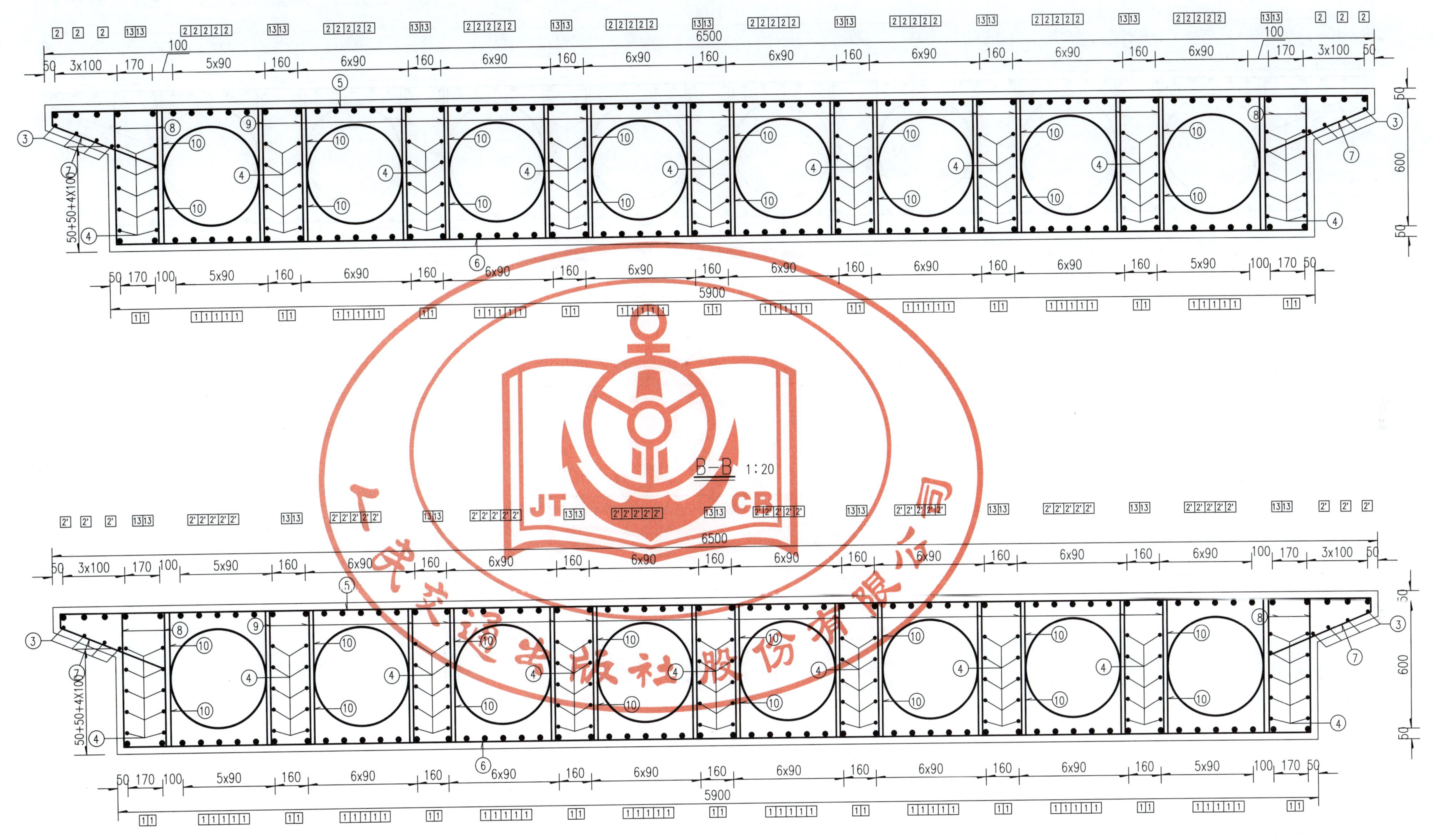

现浇钢筋混凝土连续空心板梁上部构造 跨径：3X13m　　斜交角：0°	荷载标准：公路—Ⅱ级
	桥面宽度：6.5m
空心板普通钢筋构造图（三）	图　号：2-5-3

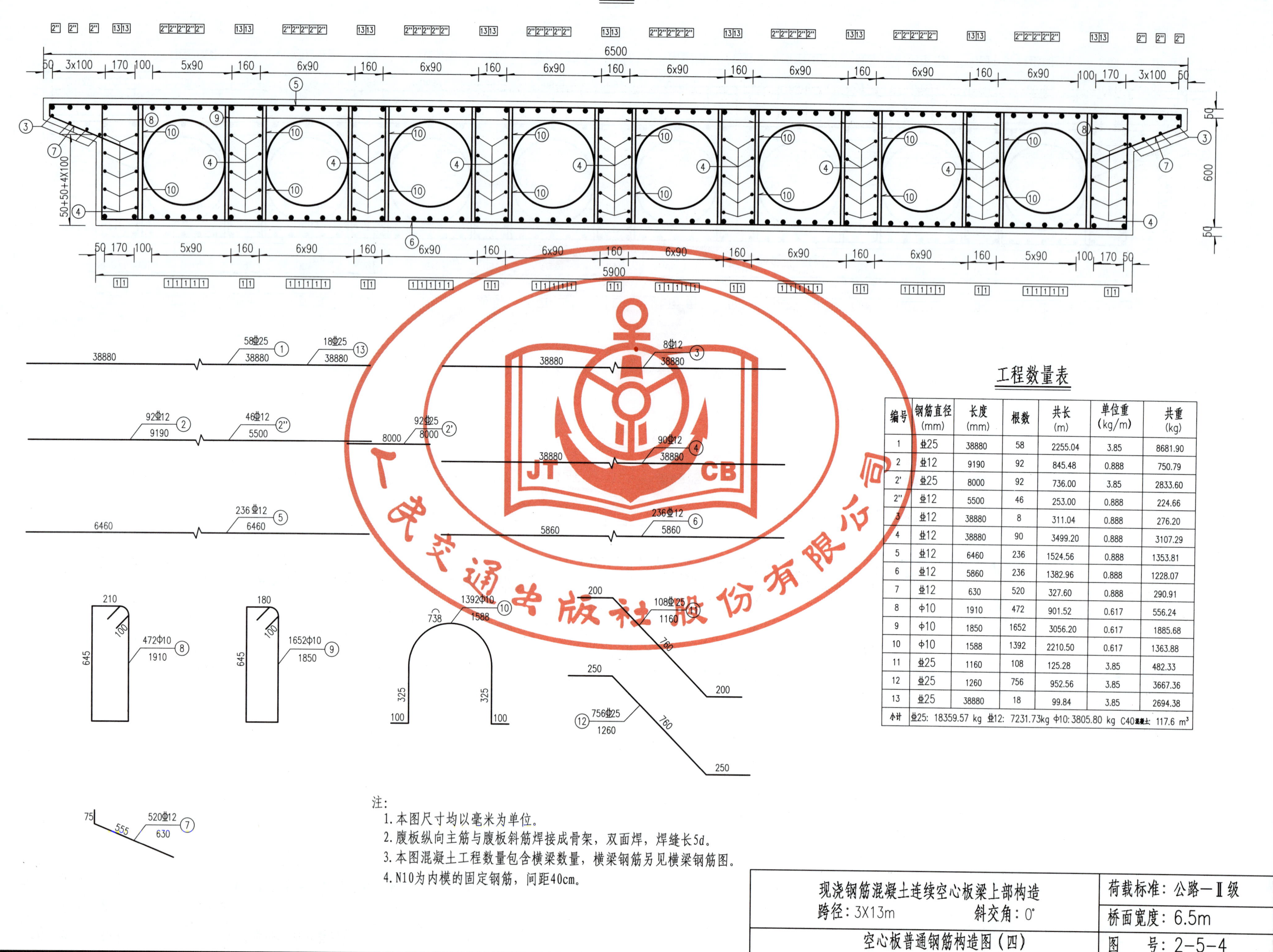

工程数量表

编号	钢筋直径 (mm)	长度 (mm)	根数	共长 (m)	单位重 (kg/m)	共重 (kg)
1	Φ25	38880	58	2255.04	3.85	8681.90
2	Φ12	9190	92	845.48	0.888	750.79
2'	Φ25	8000	92	736.00	3.85	2833.60
2"	Φ12	5500	46	253.00	0.888	224.66
3	Φ12	38880	8	311.04	0.888	276.20
4	Φ12	38880	90	3499.20	0.888	3107.29
5	Φ12	6460	236	1524.56	0.888	1353.81
6	Φ12	5860	236	1382.96	0.888	1228.07
7	Φ12	630	520	327.60	0.888	290.91
8	φ10	1910	472	901.52	0.617	556.24
9	φ10	1850	1652	3056.20	0.617	1885.68
10	φ10	1588	1392	2210.50	0.617	1363.88
11	Φ25	1160	108	125.28	3.85	482.33
12	Φ25	1260	756	952.56	3.85	3667.36
13	Φ25	38880	18	99.84	3.85	2694.38
小计	Φ25: 18359.57 kg Φ12: 7231.73kg φ10: 3805.80 kg C40混凝土: 117.6 m^3					

注:
1. 本图尺寸均以毫米为单位。
2. 腹板纵向主筋与腹板斜筋焊接成骨架，双面焊，焊缝长5d。
3. 本图混凝土工程数量包含横梁数量，横梁钢筋另见横梁钢筋图。
4. N10为内模的固定钢筋，间距40cm。

现浇钢筋混凝土连续空心板梁上部构造 跨径: 3X13m 斜交角: 0°	荷载标准: 公路—Ⅱ级 桥面宽度: 6.5m
空心板普通钢筋构造图（四）	图 号: 2-5-4

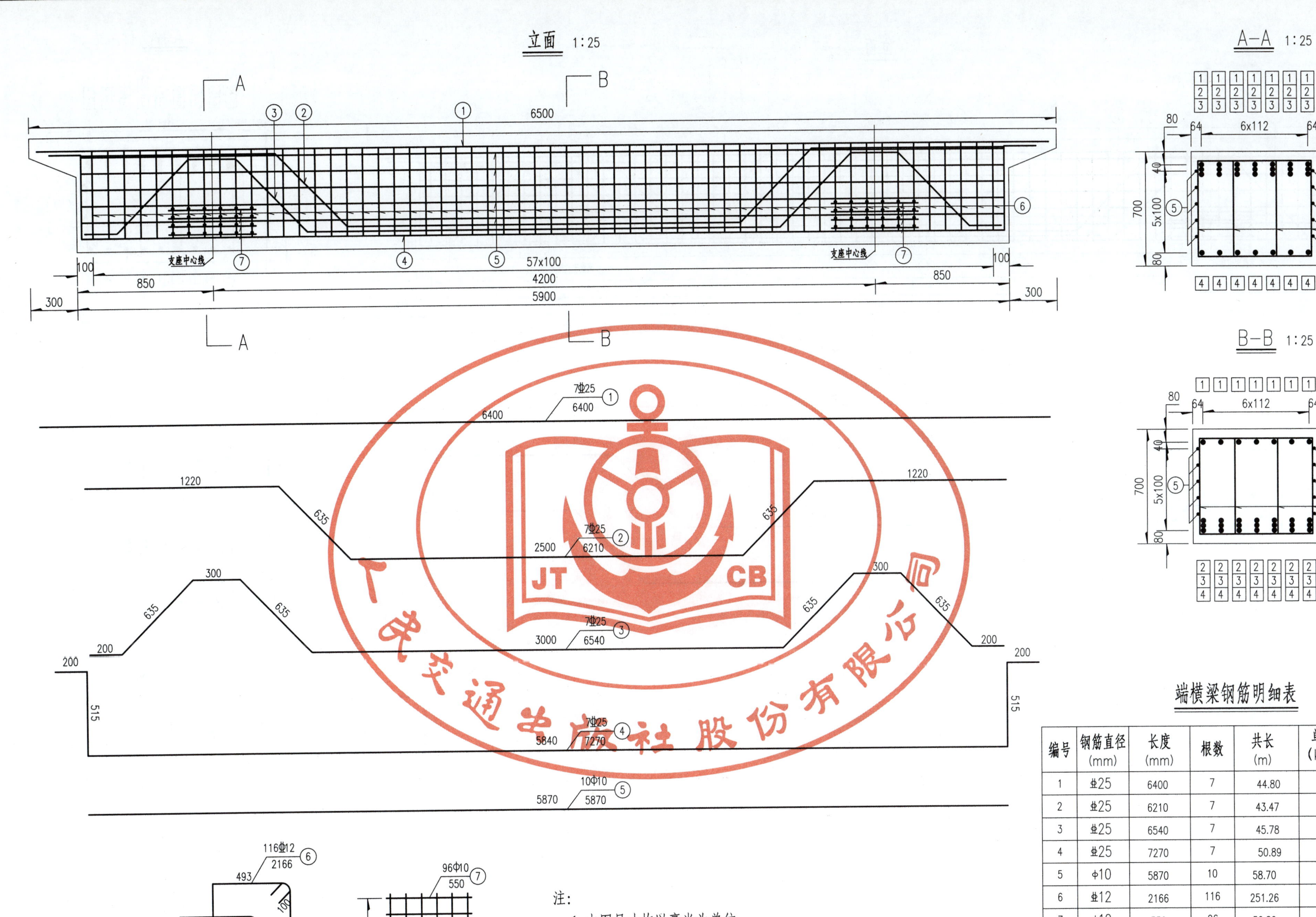

端横梁钢筋明细表

编号	钢筋直径 (mm)	长度 (mm)	根数	共长 (m)	单位重 (kg/m)	共重 (kg)
1	Φ25	6400	7	44.80	3.85	172.48
2	Φ25	6210	7	43.47	3.85	167.36
3	Φ25	6540	7	45.78	3.85	176.25
4	Φ25	7270	7	50.89	3.85	195.93
5	Φ10	5870	10	58.70	0.617	36.22
6	Φ12	2166	116	251.26	0.888	223.12
7	Φ10	550	96	52.80	0.617	32.58
小计	Φ25: 712.02 kg Φ12: 223.12 kg Φ10: 59.58 kg					

注：

1. 本图尺寸均以毫米为单位。
2. ①②③④号钢筋焊接成骨架，双面焊，焊缝长5d。
3. ⑦号钢筋为梁底加强钢筋网片，每层网片共计12根。钢筋网片间距8cm。

现浇钢筋混凝土连续空心板梁上部构造 跨径：3X13m 斜交角：0°	荷载标准：公路—Ⅱ级 桥面宽度：6.5m
端横梁钢筋一般构造图	图 号：2-6

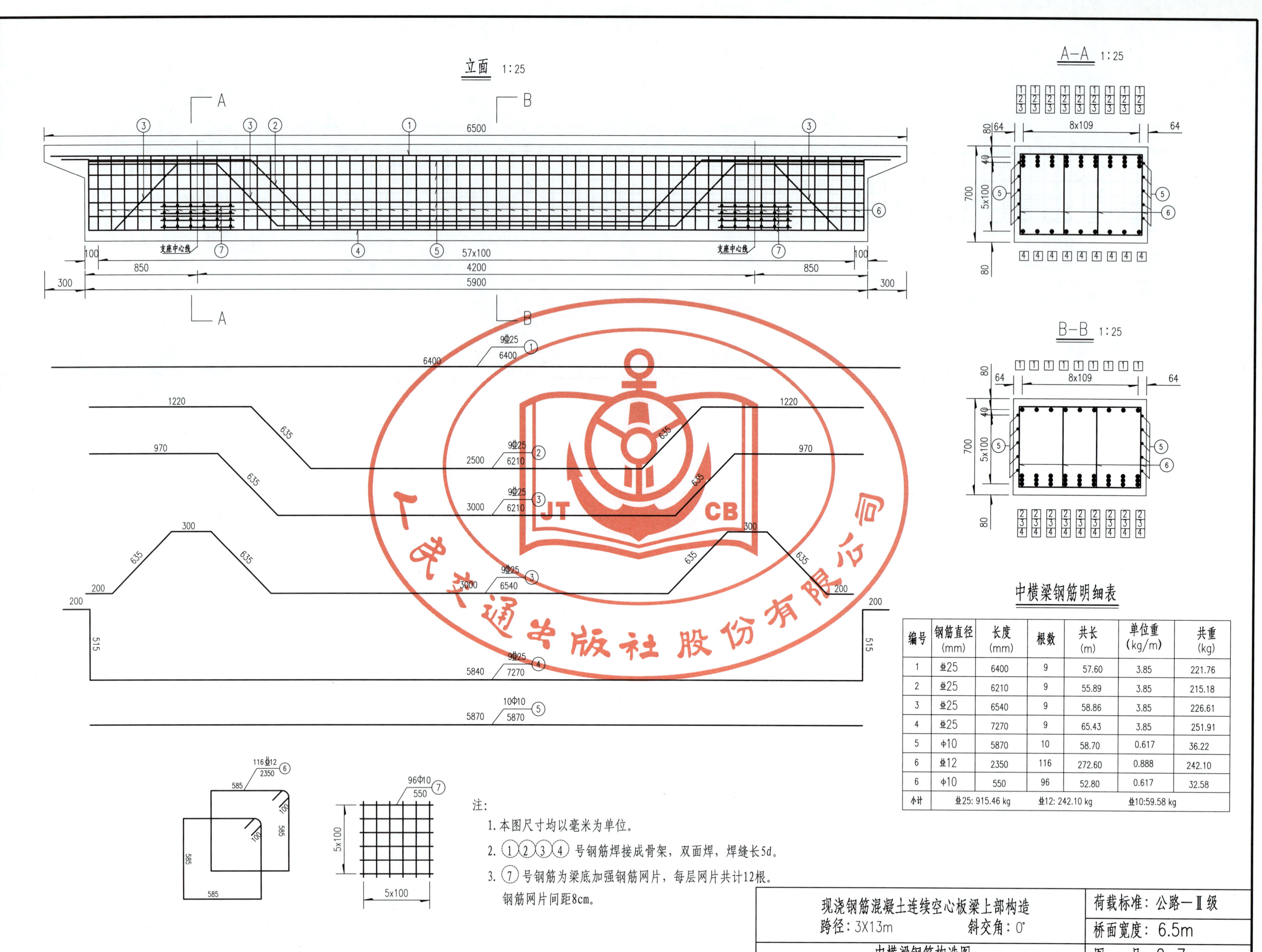

中横梁钢筋明细表

编号	钢筋直径 (mm)	长度 (mm)	根数	共长 (m)	单位重 (kg/m)	共重 (kg)
1	⌀25	6400	9	57.60	3.85	221.76
2	⌀25	6210	9	55.89	3.85	215.18
3	⌀25	6540	9	58.86	3.85	226.61
4	⌀25	7270	9	65.43	3.85	251.91
5	Φ10	5870	10	58.70	0.617	36.22
6	⌀12	2350	116	272.60	0.888	242.10
6	Φ10	550	96	52.80	0.617	32.58
小计	⌀25: 915.46 kg		⌀12: 242.10 kg		⌀10:59.58 kg	

注:

1. 本图尺寸均以毫米为单位。
2. ①②③④号钢筋焊接成骨架，双面焊，焊缝长5d。
3. ⑦号钢筋为梁底加强钢筋网片，每层网片共计12根。钢筋网片间距8cm。

现浇钢筋混凝土连续空心板梁上部构造 跨径: 3X13m　斜交角: 0°	荷载标准: 公路—Ⅱ级
	桥面宽度: 6.5m
中横梁钢筋构造图	图　号: 2-7

板式支座布置示意图

注：
本图尺寸均以毫米为单位。

现浇钢筋混凝土连续空心板梁上部构造 跨径：3X13m　　斜交角：0°	荷载标准：公路—Ⅱ级
	桥面宽度：6.5m
支座布置示意图	图　号：2-8

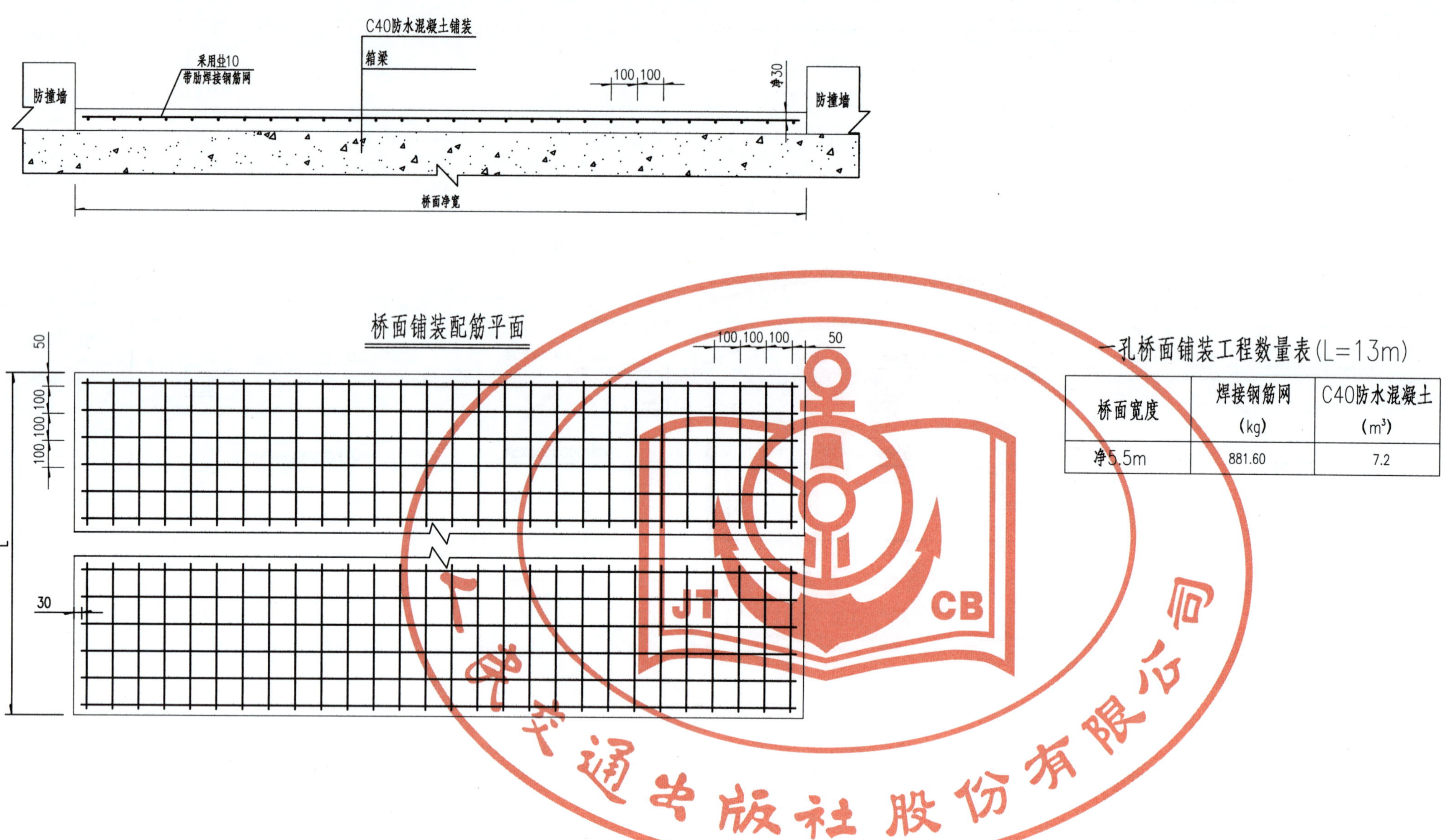

一孔桥面铺装工程数量表(L=13m)

桥面宽度	焊接钢筋网(kg)	C40防水混凝土(m^3)
净5.5m	881.60	7.2

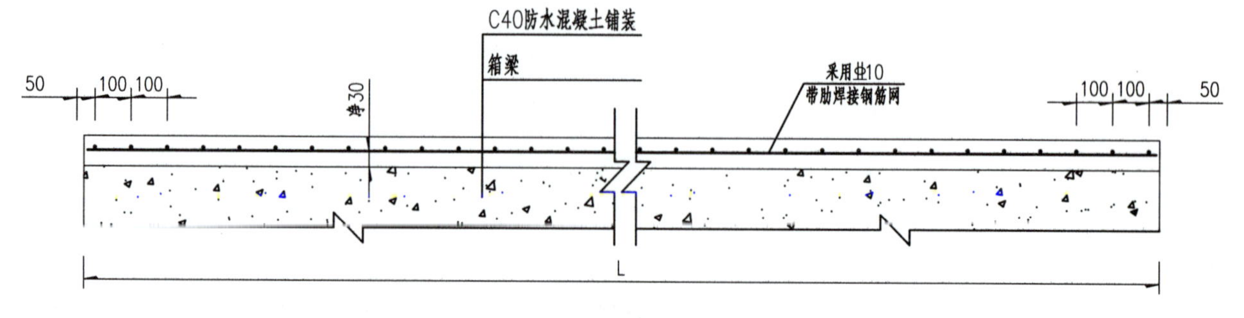

注:

本图尺寸均以毫米为单位。

现浇钢筋混凝土连续空心板梁上部构造 跨径:3X13m　　斜交角:0°	荷载标准:公路—Ⅱ级
	桥面宽度:6.5m
桥面铺装钢筋构造图	图　号:2-9

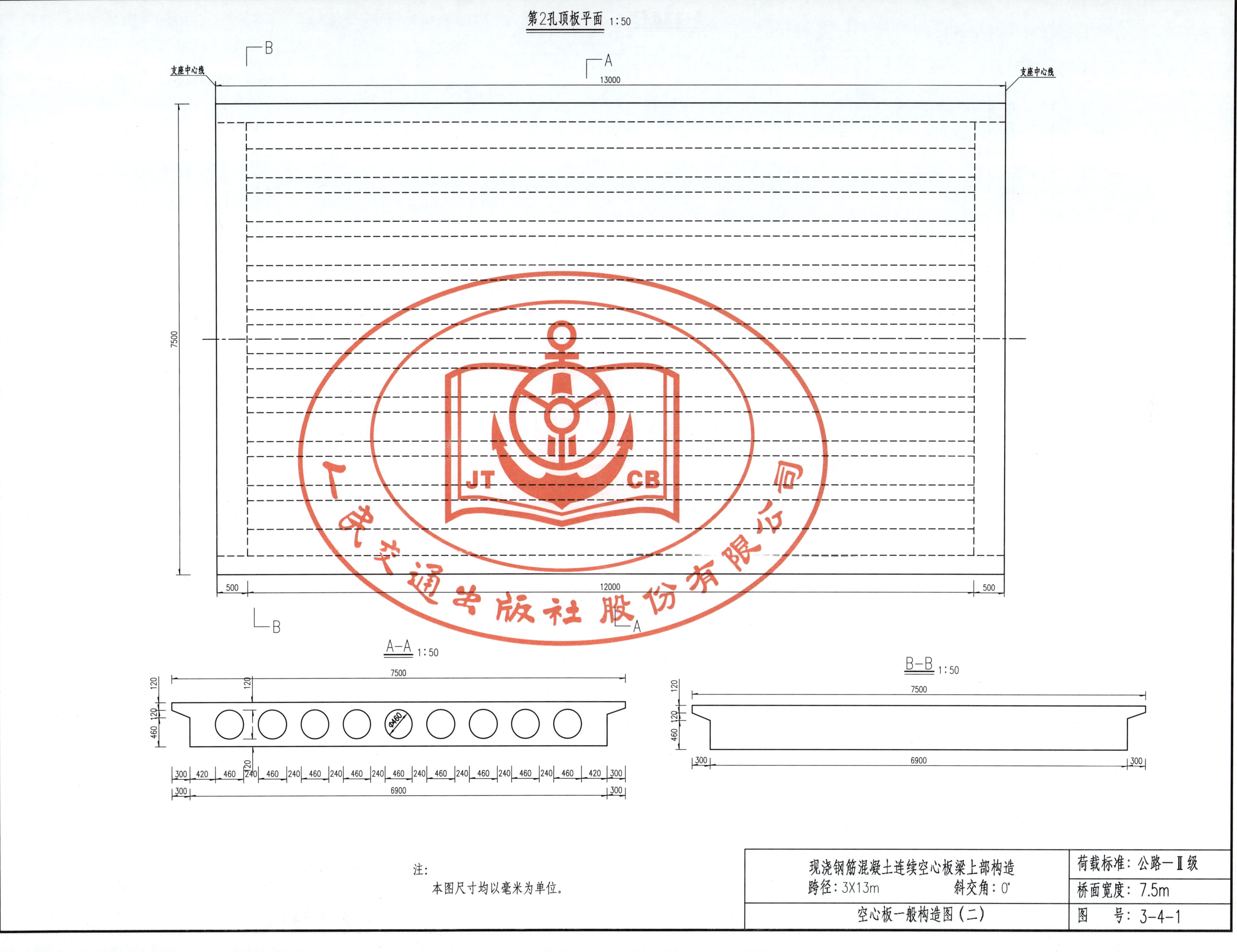

第2孔顶板平面 1:50
支座中心线
支座中心线
13000
7500
500
12000
500
A—A 1:50
7500
6900
B—B 1:50
7500
6900
注：
本图尺寸均以毫米为单位。
现浇钢筋混凝土连续空心板梁上部构造
跨径：3X13m
斜交角：0°
空心板一般构造图（二）
荷载标准：公路—Ⅱ级
桥面宽度：7.5m
图 号：3-4-1

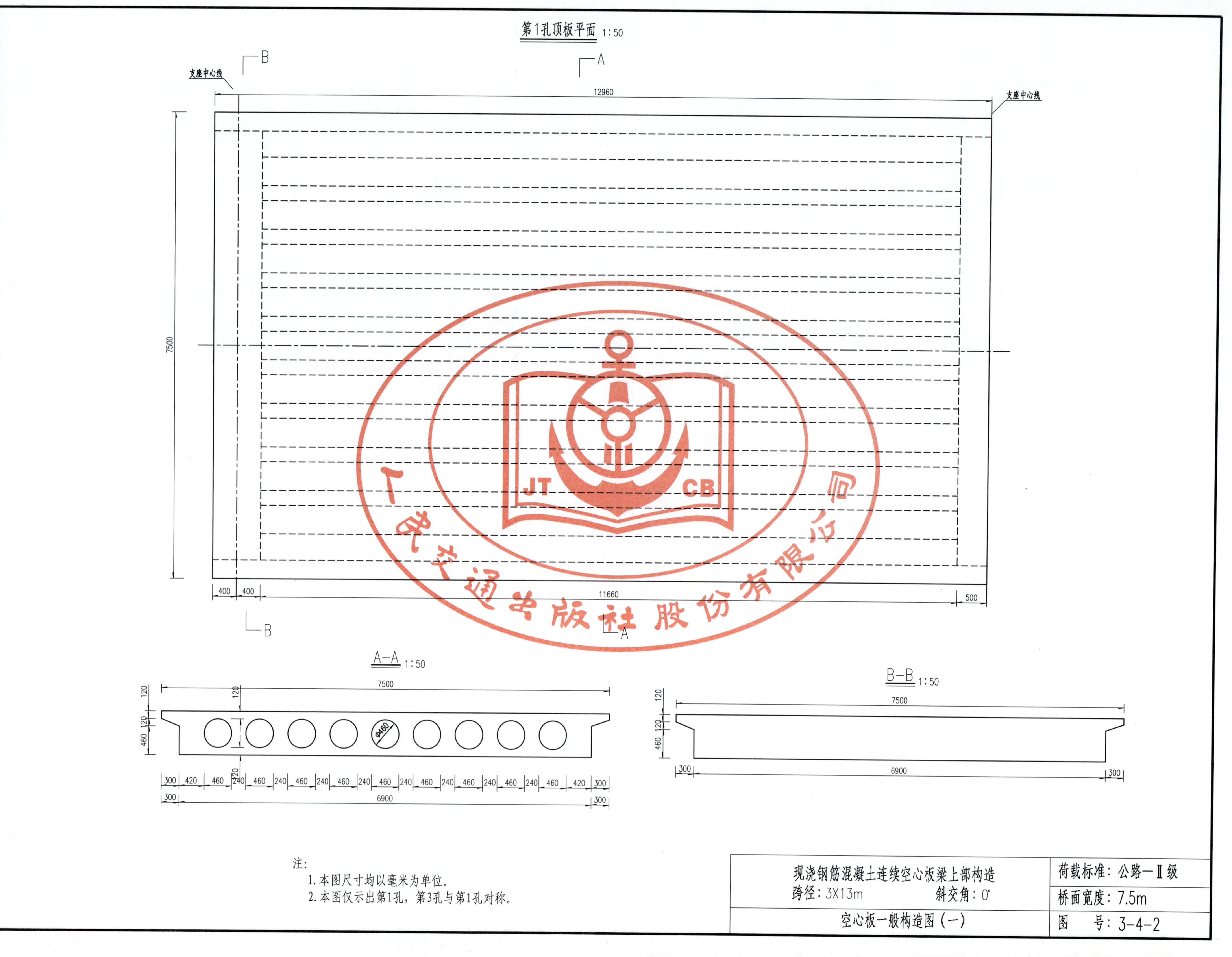
第1孔顶板平面 1:50
支座中心线
12960
7500
400
400
11660
500
A-A 1:50
7500
120
460
Φ460
300
420
460
240
6900
B-B 1:50
300
注:
1. 本图尺寸均以毫米为单位。
2. 本图仅示出第1孔，第3孔与第1孔对称。
现浇钢筋混凝土连续空心板梁上部构造
跨径：3X13m
斜交角：0°
空心板一般构造图（一）
荷载标准：公路—Ⅱ级
桥面宽度：7.5m
图 号：3-4-2

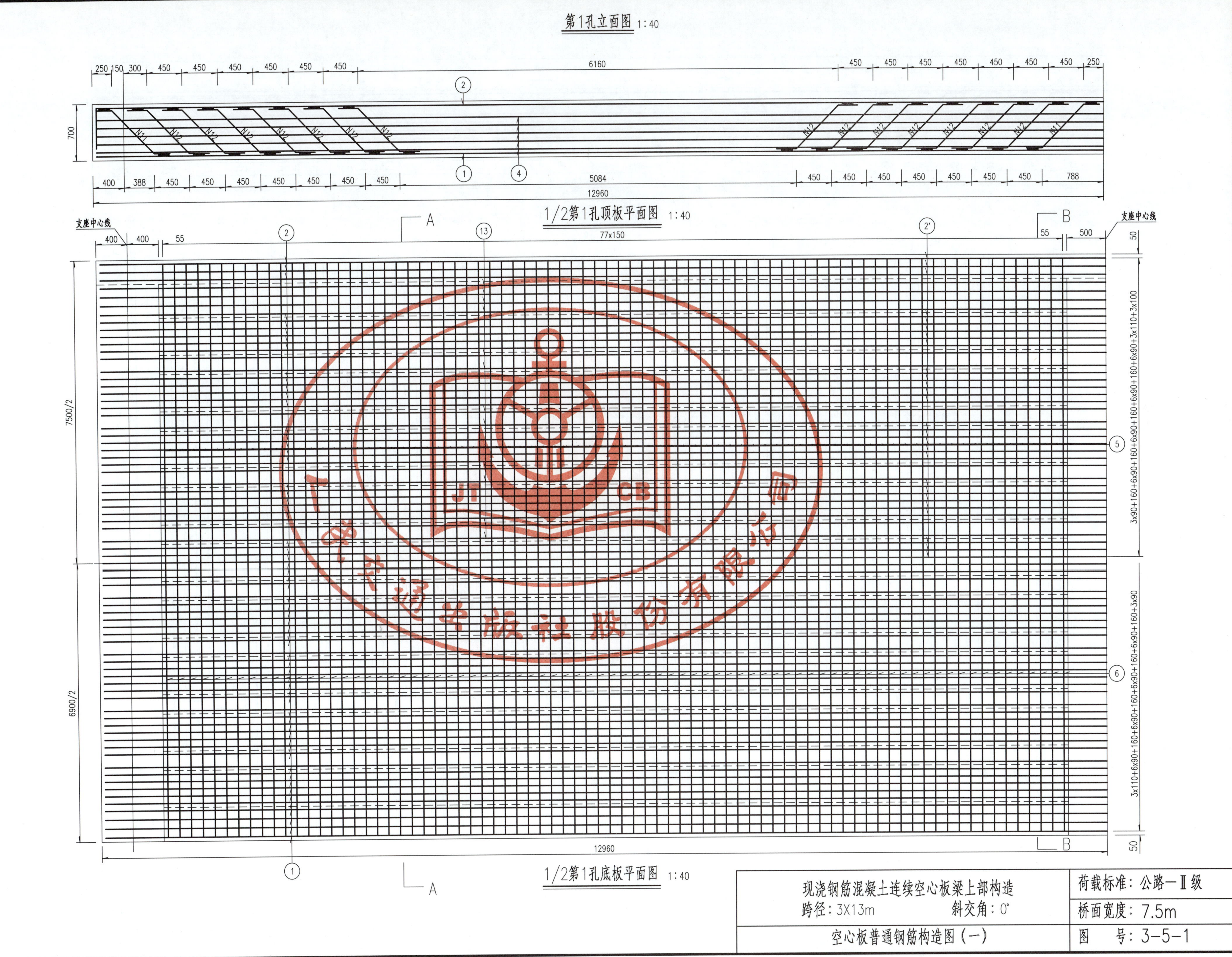

第1孔立面图 1:40
250 150 300 450 450 450 450 450 450
6160
450 450 450 450 450 450 450 250
700
N11
N12
400 388 450 450 450 450 450 450 450
5084
450 450 450 450 450 450 450 788
12960
1/2第1孔顶板平面图 1:40
支座中心线
400 400 55
77x150
55 500
A
B
7500/2
6900/2
3x90+160+6x90+160+6x90+160+6x90+160+6x90+3x110+3x100
3x110+6x90+160+6x90+160+6x90+160+6x90+160+3x90
50
12960
1/2第1孔底板平面图 1:40
现浇钢筋混凝土连续空心板梁上部构造
跨径：3X13m
斜交角：0°
空心板普通钢筋构造图（一）
荷载标准：公路—Ⅱ级
桥面宽度：7.5m
图 号：3-5-1

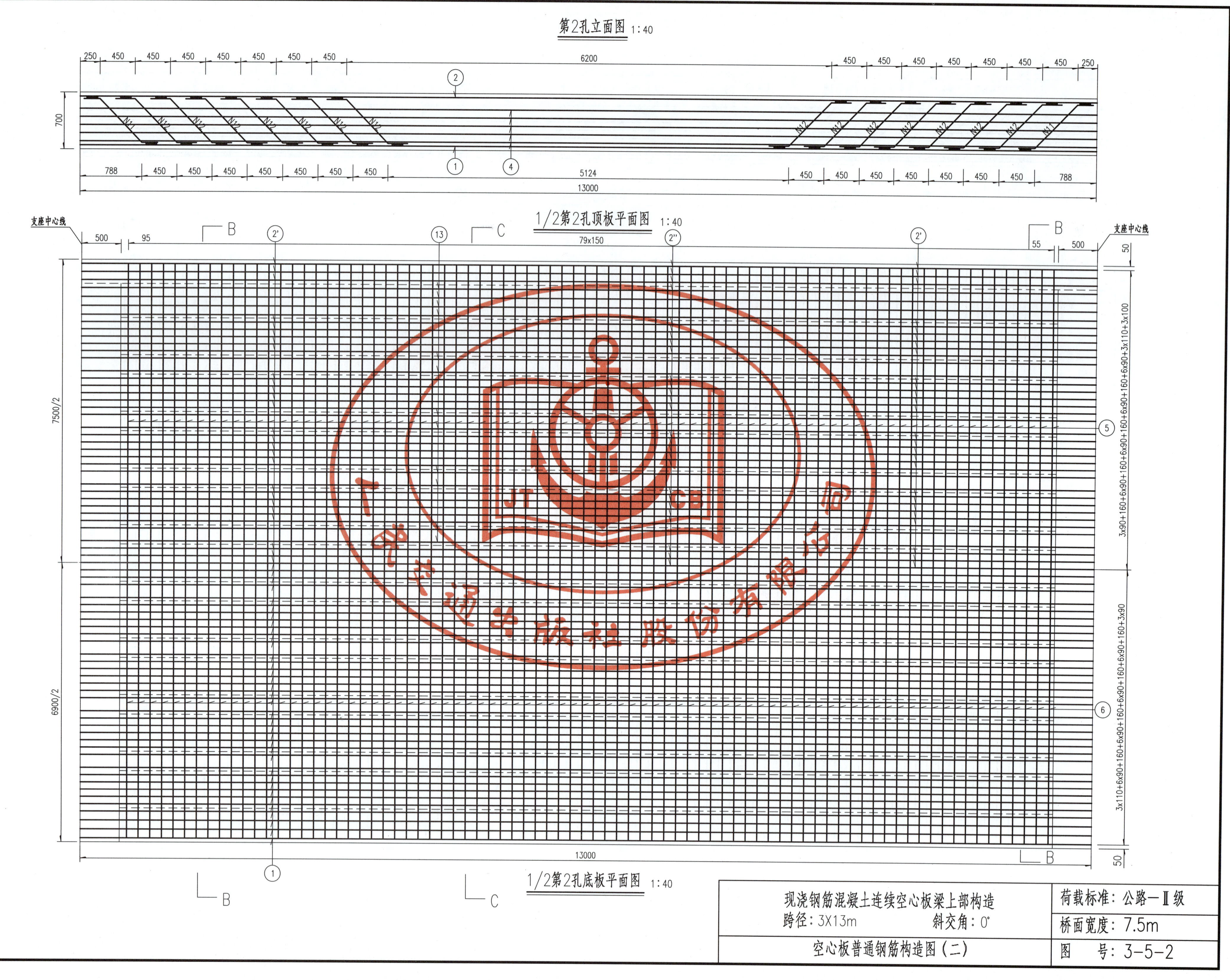
第2孔立面图 1:40
1/2第2孔顶板平面图 1:40
1/2第2孔底板平面图 1:40
支座中心线
13000
6200
5124
79x150
7500/2
6900/2
3x90+160+6x90+160+6x90+160+6x90+160+6x90+3x110+3x100
3x110+6x90+160+6x90+160+6x90+160+6x90+160+3x90
现浇钢筋混凝土连续空心板梁上部构造
跨径：3X13m
斜交角：0°
荷载标准：公路—Ⅱ级
桥面宽度：7.5m
空心板普通钢筋构造图（二）
图 号：3-5-2

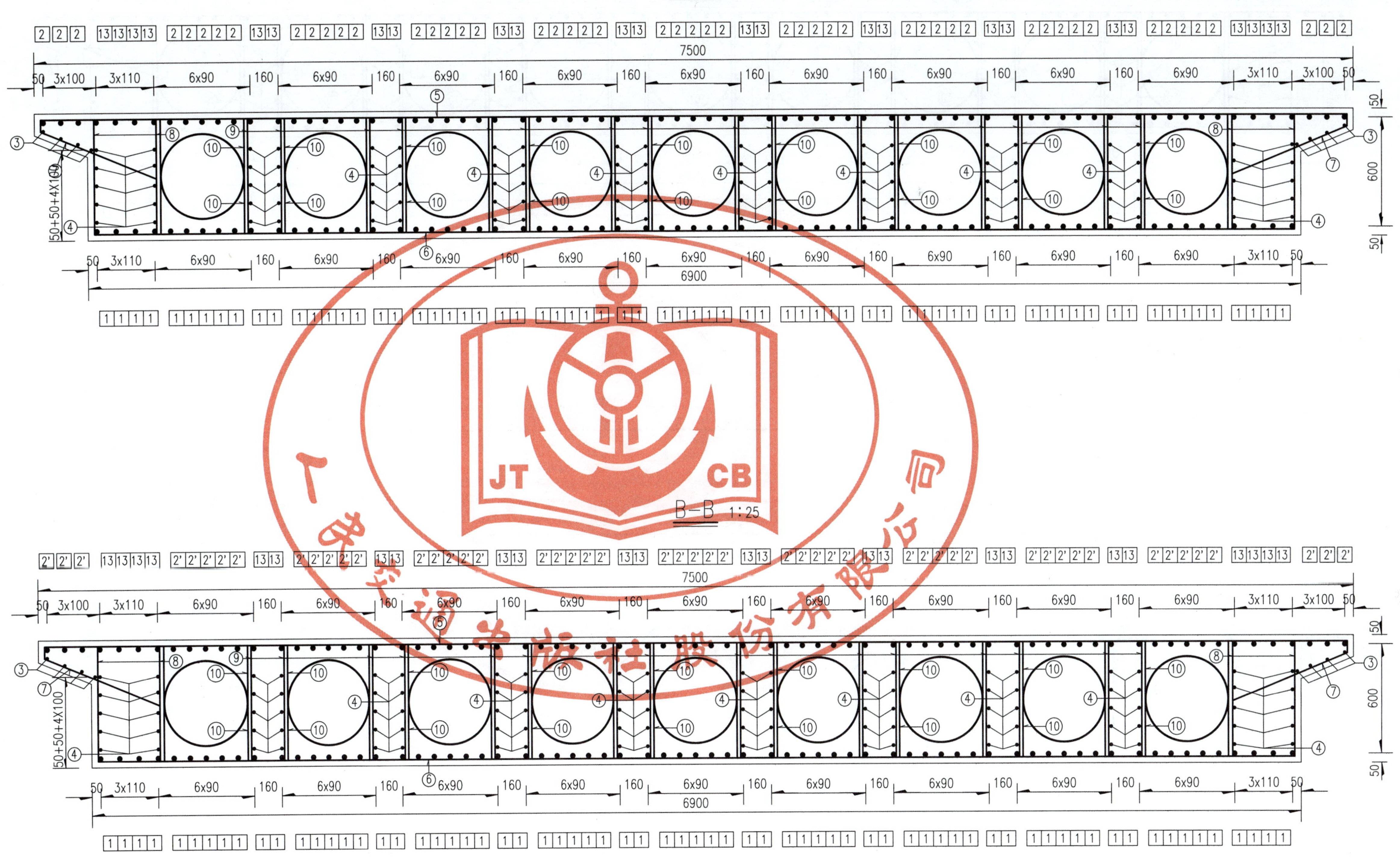

现浇钢筋混凝土连续空心板梁上部构造 跨径：3X13m　　斜交角：0°	荷载标准：公路—Ⅱ级
	桥面宽度：7.5m
空心板普通钢筋构造图（三）	图　号：3-5-3

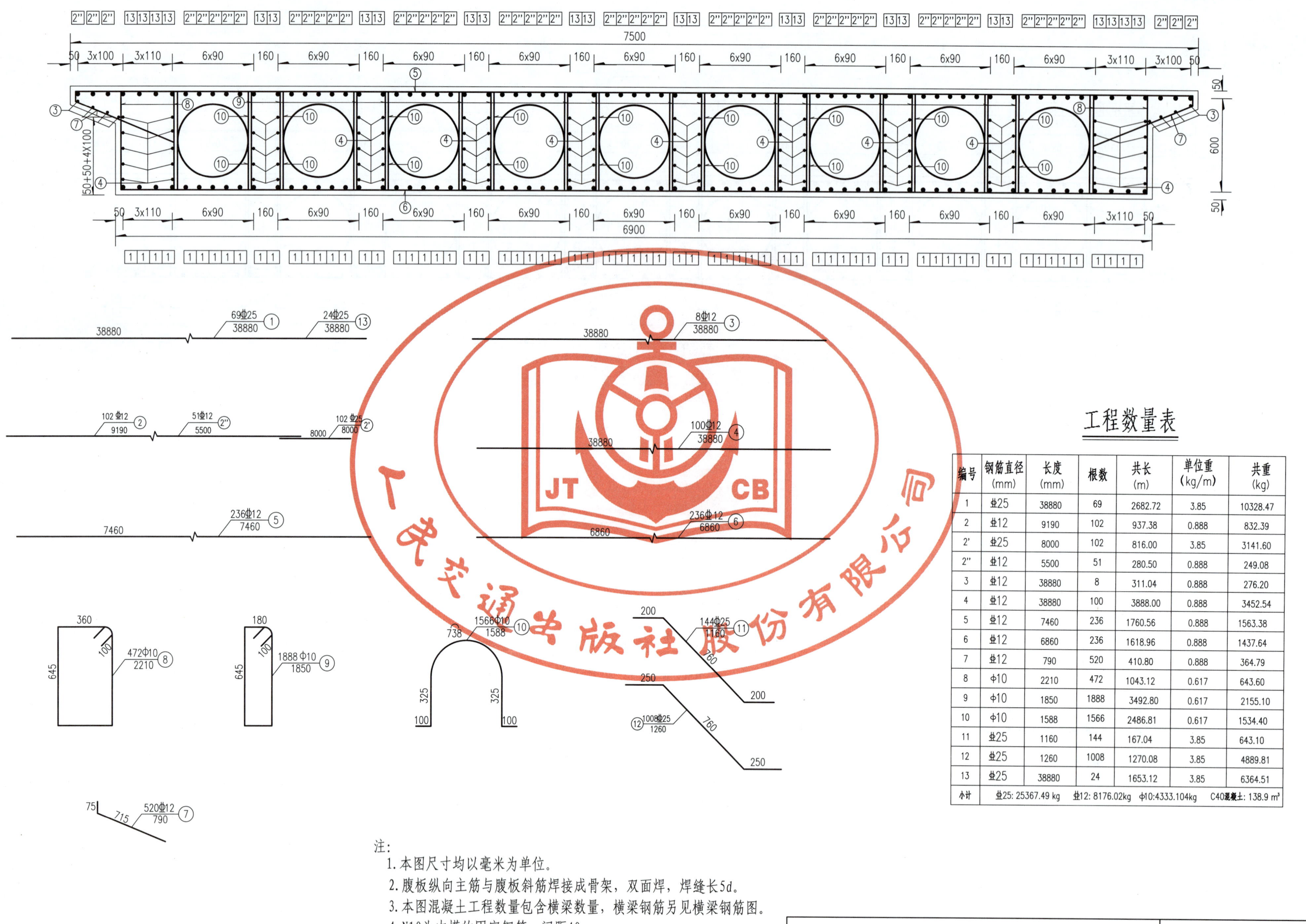

工程数量表

编号	钢筋直径 (mm)	长度 (mm)	根数	共长 (m)	单位重 (kg/m)	共重 (kg)
1	Φ25	38880	69	2682.72	3.85	10328.47
2	Φ12	9190	102	937.38	0.888	832.39
2'	Φ25	8000	102	816.00	3.85	3141.60
2"	Φ12	5500	51	280.50	0.888	249.08
3	Φ12	38880	8	311.04	0.888	276.20
4	Φ12	38880	100	3888.00	0.888	3452.54
5	Φ12	7460	236	1760.56	0.888	1563.38
6	Φ12	6860	236	1618.96	0.888	1437.64
7	Φ12	790	520	410.80	0.888	364.79
8	Φ10	2210	472	1043.12	0.617	643.60
9	Φ10	1850	1888	3492.80	0.617	2155.10
10	Φ10	1588	1566	2486.81	0.617	1534.40
11	Φ25	1160	144	167.04	3.85	643.10
12	Φ25	1260	1008	1270.08	3.85	4889.81
13	Φ25	38880	24	1653.12	3.85	6364.51
小计	Φ25: 25367.49 kg Φ12: 8176.02kg Φ10:4333.104kg C40混凝土: 138.9 m³					

注:
1. 本图尺寸均以毫米为单位。
2. 腹板纵向主筋与腹板斜筋焊接成骨架，双面焊，焊缝长5d。
3. 本图混凝土工程数量包含横梁数量，横梁钢筋另见横梁钢筋图。
4. N10为内模的固定钢筋，间距40cm。

现浇钢筋混凝土连续空心板梁上部构造 跨径：3X13m 斜交角：0°	荷载标准：公路—Ⅱ级 桥面宽度：7.5m
空心板普通钢筋构造图（四）	图 号：3-5-4

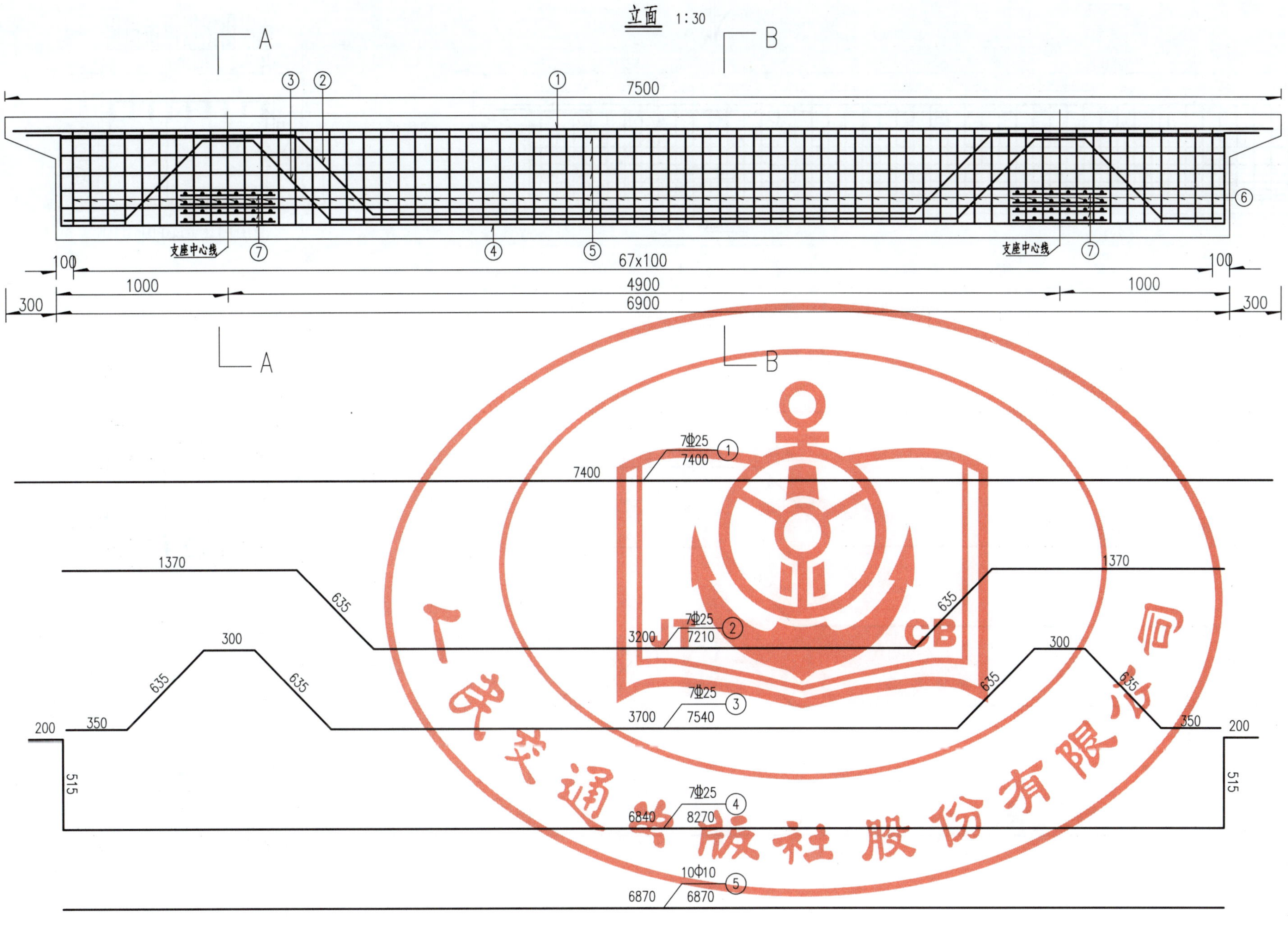

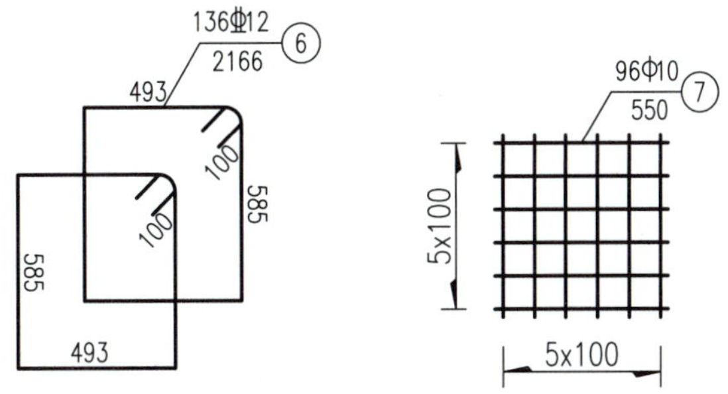

立面 1:30

A-A 1:30

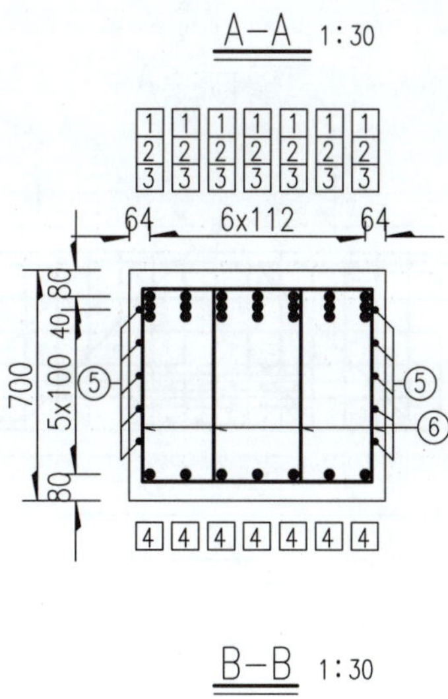

B-B 1:30

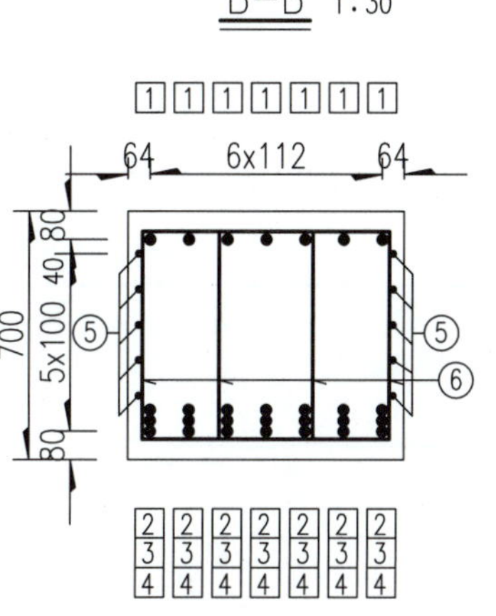

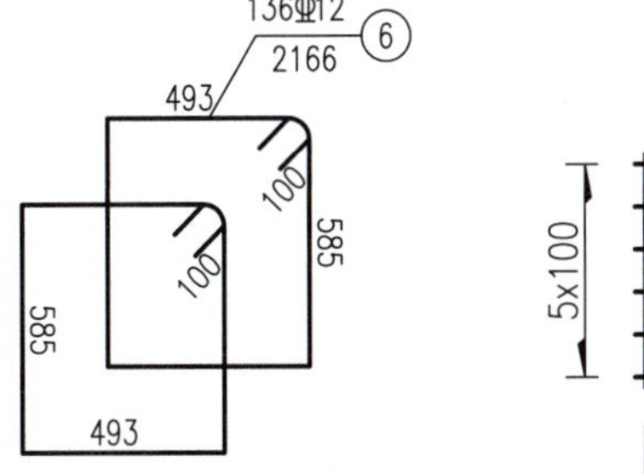

端横梁钢筋明细表

编号	钢筋直径 (mm)	长度 (mm)	根数	共长 (m)	单位重 (kg/m)	共重 (kg)
1	⌀25	7400	7	51.80	3.85	199.43
2	⌀25	7210	7	50.47	3.85	194.30
3	⌀25	7540	7	52.78	3.85	203.20
4	⌀25	8270	7	57.89	3.85	222.88
5	Φ10	6870	10	68.70	0.617	42.40
6	⌀12	2166	136	294.58	0.888	261.58
7	Φ10	550	96	52.80	0.617	32.58
小计	⌀25: 819.81 kg		⌀12: 261.58 kg		Φ10: 74.98 kg	

注:

1. 本图尺寸均以毫米为单位。
2. ①②③④号钢筋焊接成骨架，双面焊，焊缝长5d。
3. ⑦号钢筋为梁底加强钢筋网片，每层网片共计12根。钢筋网片间距8cm。

现浇钢筋混凝土连续空心板梁上部构造 跨径：3X13m 斜交角：0°	荷载标准：公路—Ⅱ级
	桥面宽度：7.5m
端横梁钢筋一般构造图	图 号：3-6

立面 1:30

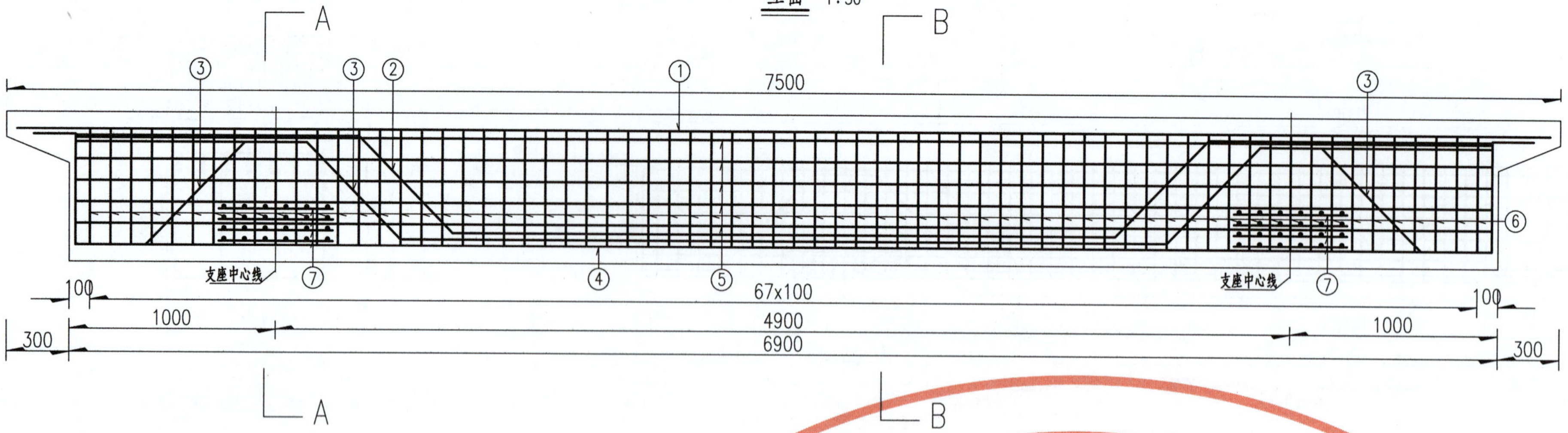

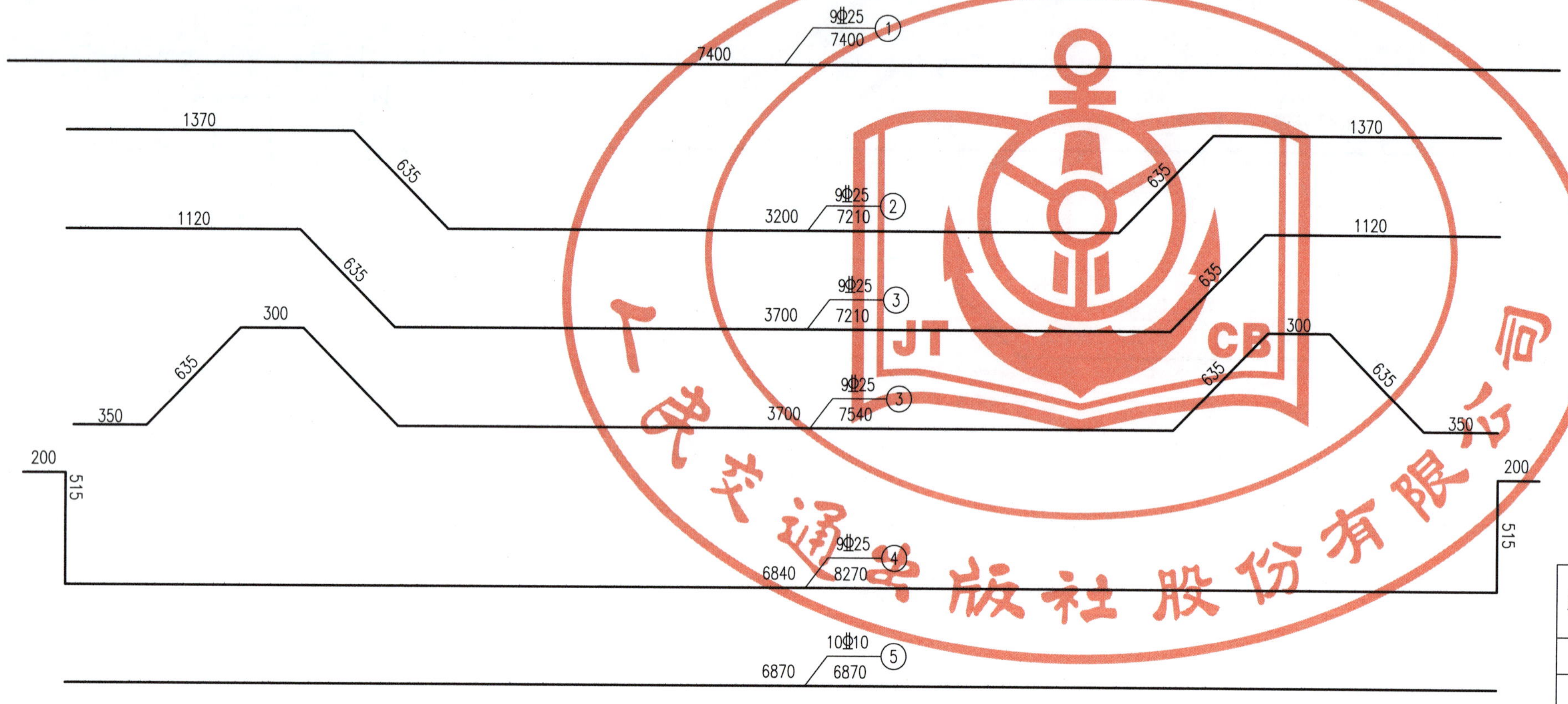

支座中心线

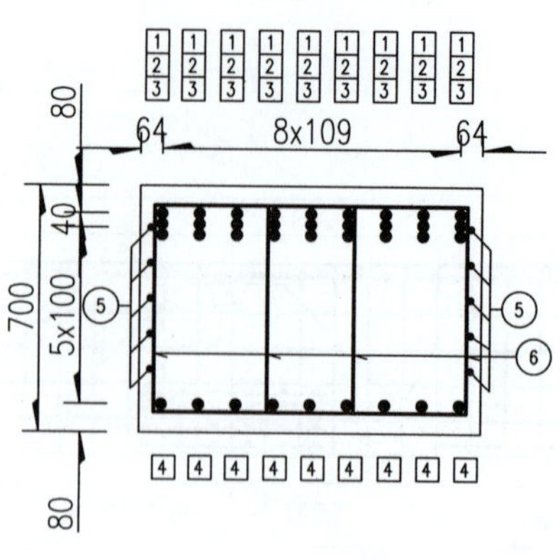

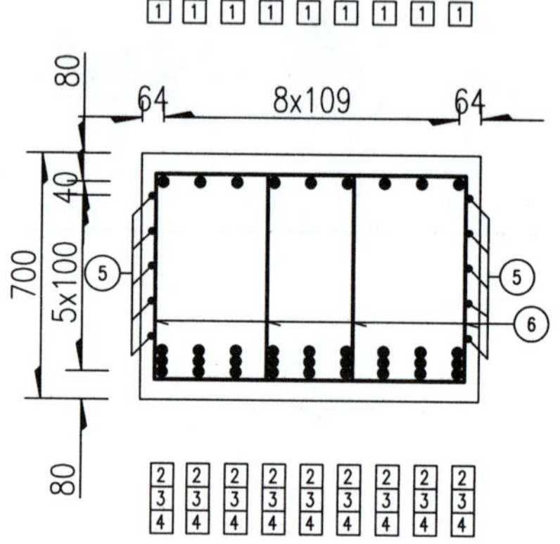

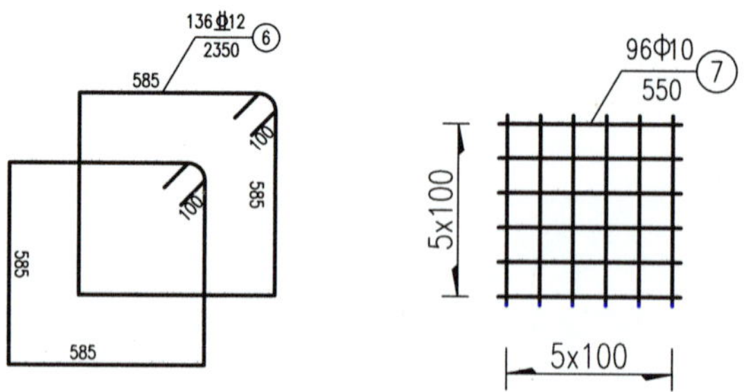

中横梁钢筋明细表

编号	直径(mm)	长度(mm)	根数	共长(m)	单位重(kg/m)	共重(kg)
1	Φ25	7400	9	66.60	3.85	256.41
2	Φ25	7210	9	64.89	3.85	249.83
3	Φ25	7540	9	67.86	3.85	261.26
4	Φ25	8270	9	74.43	3.85	286.56
5	Φ10	6870	10	68.70	0.617	42.40
6	Φ12	2350	136	319.60	0.888	283.80
7	Φ10	550	96	52.80	0.617	32.58
小计	Φ25: 1054.06 kg		Φ12: 283.80 kg		Φ10: 74.98 kg	

注：

1. 本图尺寸均以毫米为单位。
2. ①②③④号钢筋焊接成骨架，双面焊，焊缝长5d。
3. ⑦号钢筋为梁底加强钢筋网片，每层网片共计12根。钢筋网片间距8cm。

现浇钢筋混凝土连续空心板梁上部构造 跨径：3X13m 斜交角：0°	荷载标准：公路—Ⅱ级
	桥面宽度：7.5m
中横梁钢筋构造图	图 号：3-7

板式支座布置示意图

注：

本图尺寸均以毫米为单位。

现浇钢筋混凝土连续空心板梁上部构造 跨径：3X13m　　　斜交角：0°	荷载标准：公路—Ⅱ级 桥面宽度：7.5m
支座布置示意图	图　号：3-8

桥面铺装配筋横断面

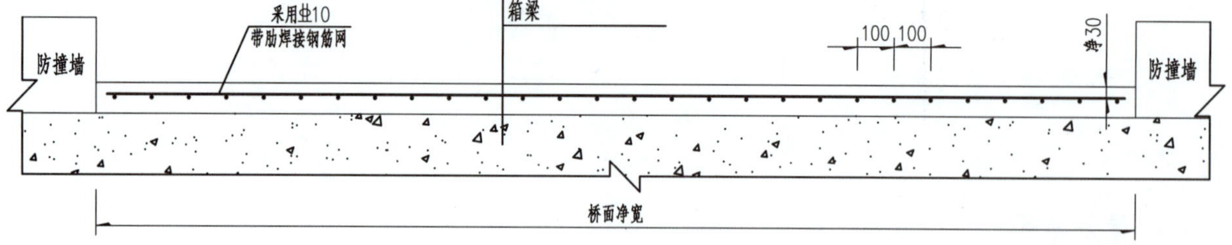

C40防水混凝土铺装
箱梁
采用⊈10
带肋焊接钢筋网
100 100
30
防撞墙
防撞墙
桥面净宽

桥面铺装配筋平面

100 100 100
50
50
100 100 100
L
30

一孔桥面铺装工程数量表(L=13m)

桥面宽度	焊接钢筋网 (kg)	C40防水混凝土 (m^3)
净6.5m	1041.89	8.5

桥面铺装配筋纵断面

C40防水混凝土铺装
箱梁
采用⊈10
带肋焊接钢筋网
50
100 100
30
100 100
50
L

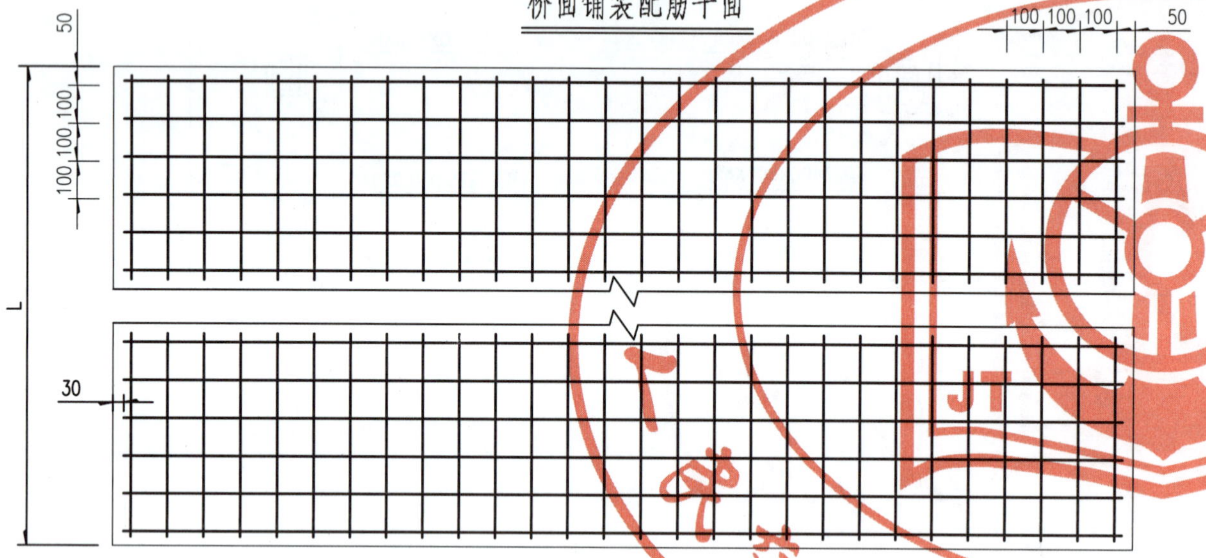

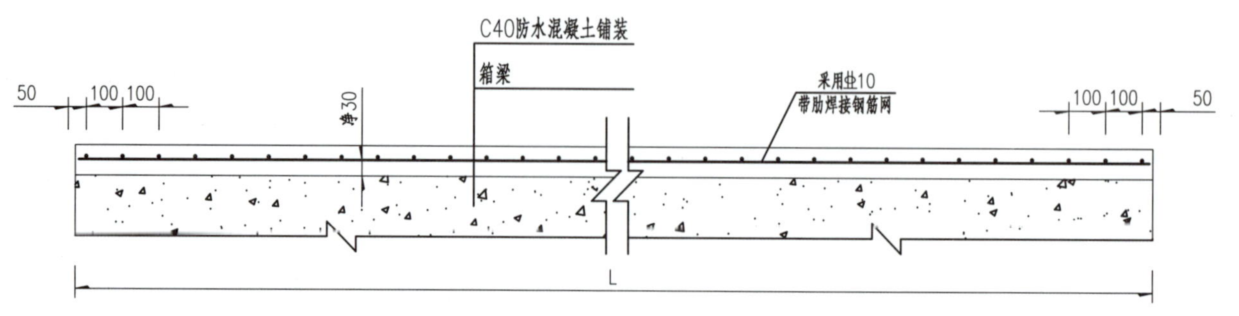

注:

本图尺寸均以毫米为单位。

现浇钢筋混凝土连续空心板梁上部构造 跨径:3X13m　　斜交角:0°	荷载标准:公路—Ⅱ级 桥面宽度:7.5m
桥面铺装钢筋构造图	图　号:3-9

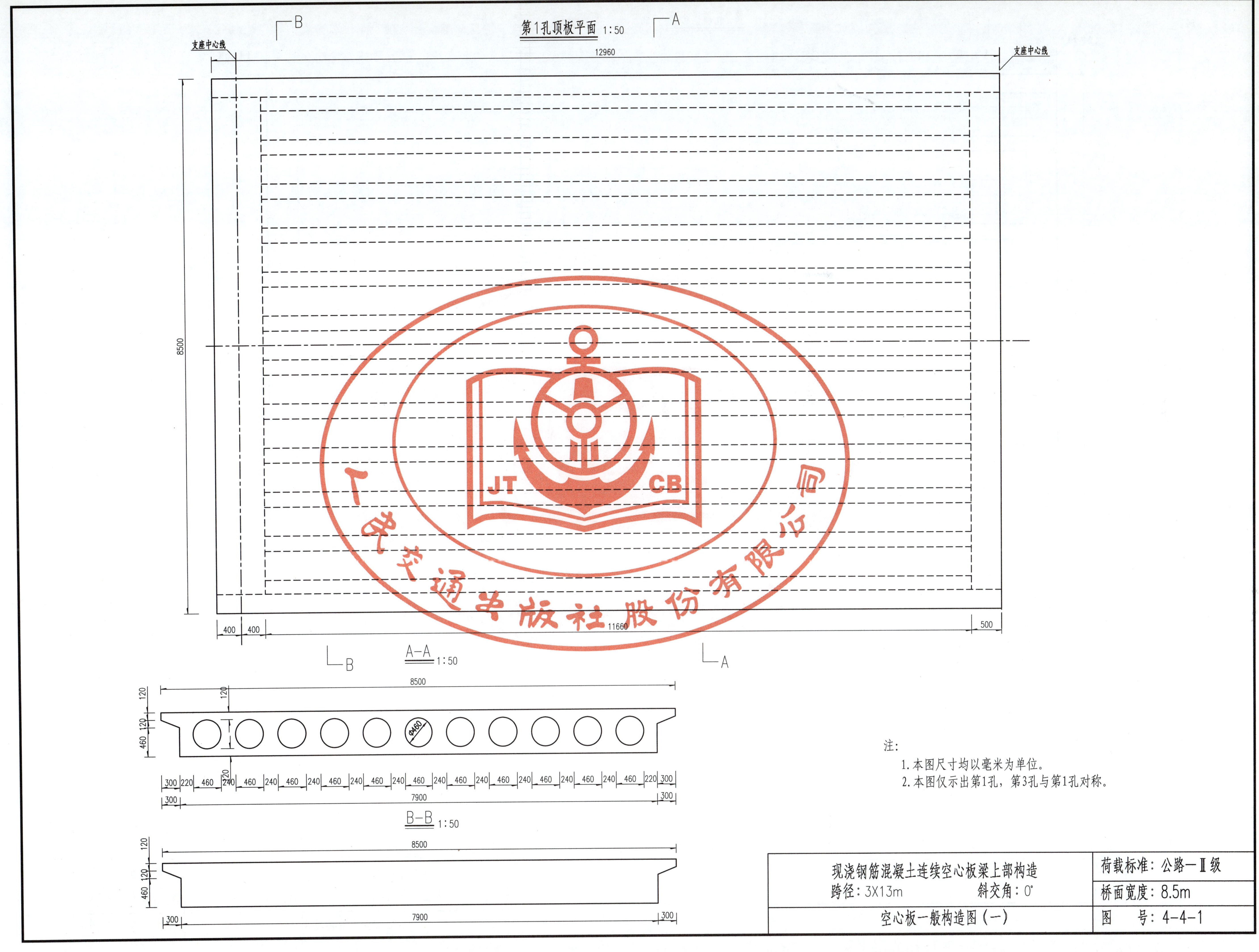

第1孔顶板平面 1:50
B
A
支座中心线
12960
支座中心线
8500
400
400
11660
500
B
A
A—A 1:50
8500
120
120
120
460
Ø460
120
300 220 460 240 460 240 460 240 460 240 460 240 460 240 460 240 460 240 460 240 460 220 300
300
7900
300
B—B 1:50
8500
120
120
460
300
7900
300
注:
1.本图尺寸均以毫米为单位。
2.本图仅示出第1孔，第3孔与第1孔对称。
现浇钢筋混凝土连续空心板梁上部构造
跨径：3X13m
斜交角：0°
荷载标准：公路—Ⅱ级
桥面宽度：8.5m
空心板一般构造图(一)
图 号：4-4-1

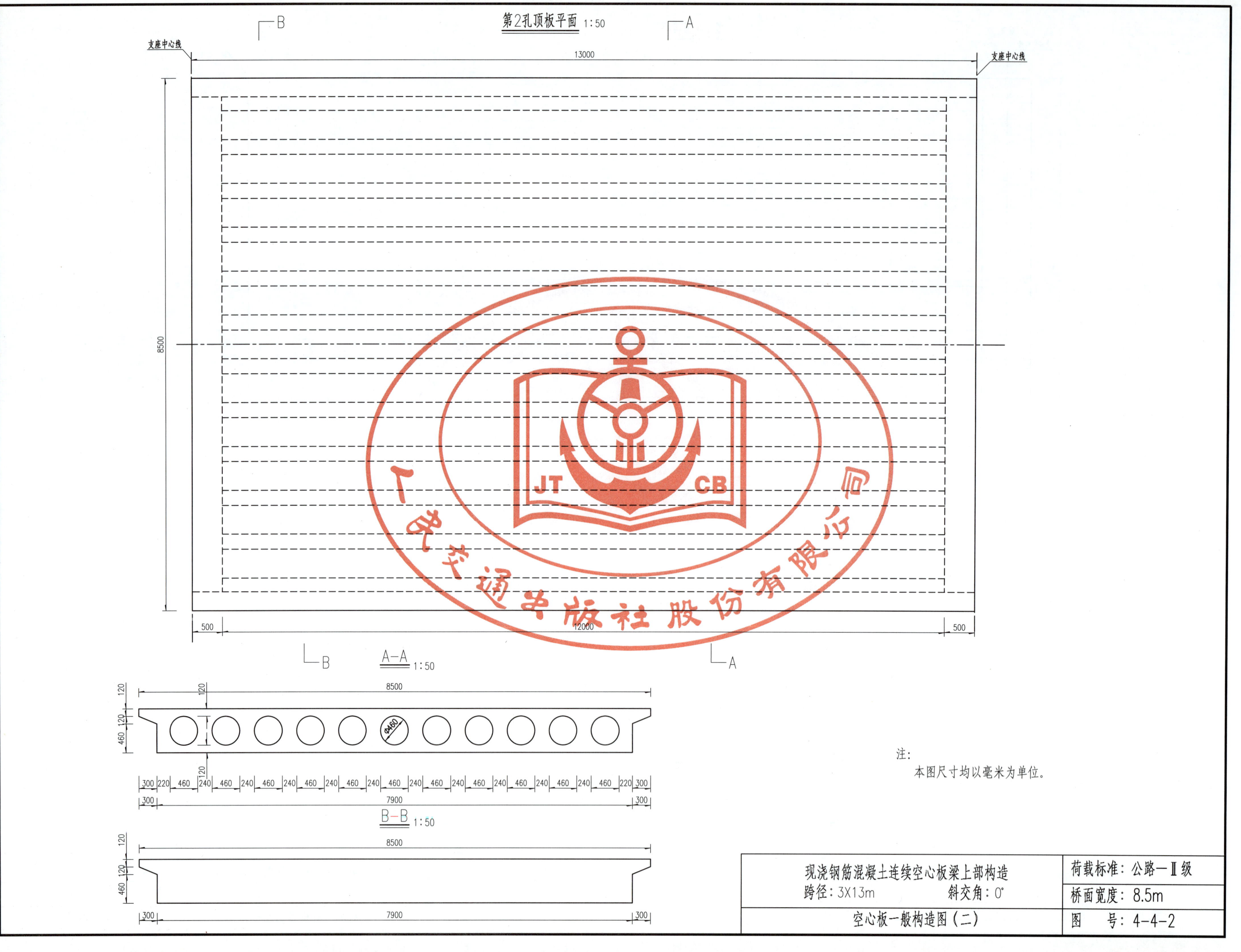

第2孔顶板平面 1:50
支座中心线
13000
支座中心线
8500
500
12000
500
A—A 1:50
8500
120
120
120
460
Φ460
300 220 460 240 460 240 460 240 460 240 460 240 460 240 460 240 460 240 460 240 460 220 300
300
7900
300
B—B 1:50
8500
120
120
460
300
7900
300
注：
本图尺寸均以毫米为单位。
现浇钢筋混凝土连续空心板梁上部构造
跨径：3X13m
斜交角：0°
荷载标准：公路—Ⅱ级
桥面宽度：8.5m
空心板一般构造图（二）
图 号：4-4-2

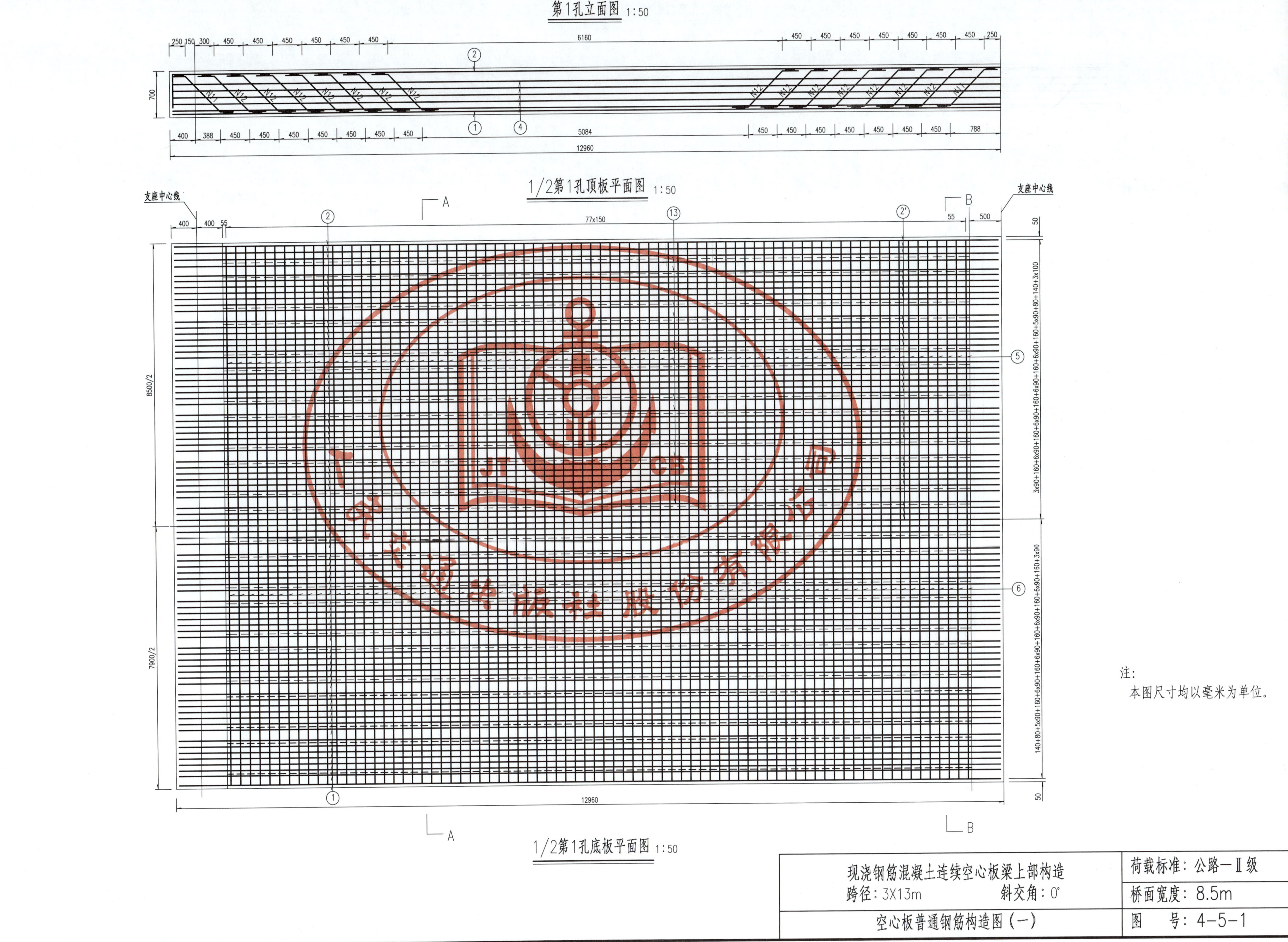
第1孔立面图 1:50
250 150 300 450 450 450 450 450 450
6160
450 450 450 450 450 450 450 250
700
N11 N12 N12 N12 N12 N12 N12 N12
N12 N12 N12 N12 N12 N12 N12 N11
②
①
④
400 388 450 450 450 450 450 450 450
5084
450 450 450 450 450 450 450 788
12960
1/2第1孔顶板平面图 1:50
支座中心线
支座中心线
A
B
400 400 55
77x150
55 500
②
⑬
②'
50
8500/2
7900/2
3x90+160+6x90+160+6x90+160+6x90+160+6x90+160+5x90+80+140+3x100
140+80+5x90+160+6x90+160+6x90+160+6x90+160+6x90+160+3x99
⑤
⑥
①
12960
50
A
B
1/2第1孔底板平面图 1:50
注：
本图尺寸均以毫米为单位。
现浇钢筋混凝土连续空心板梁上部构造
跨径：3X13m
斜交角：0°
空心板普通钢筋构造图（一）
荷载标准：公路—Ⅱ级
桥面宽度：8.5m
图 号：4-5-1

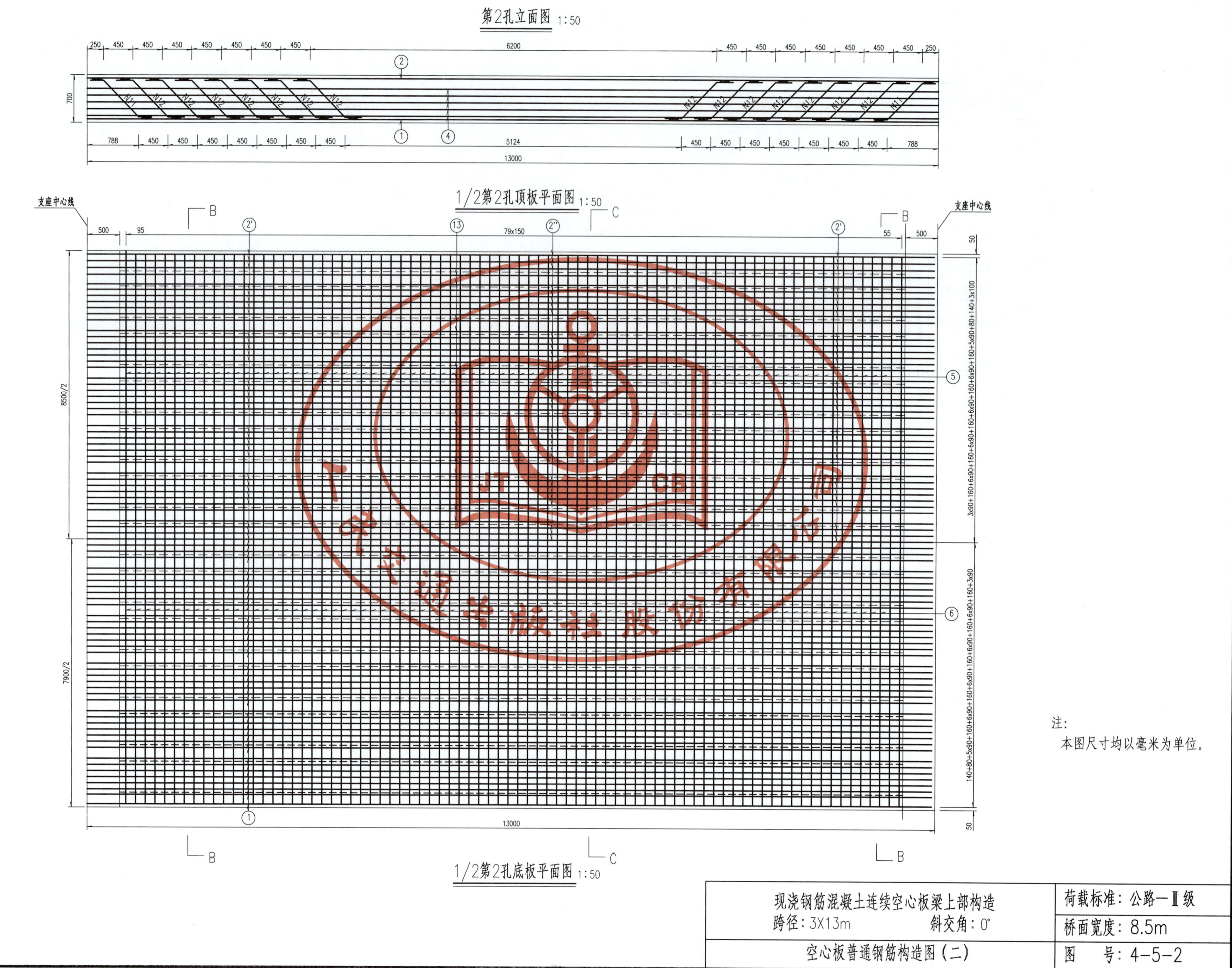
第2孔立面图 1:50
250 450 450 450 450 450 450 450 6200 450 450 450 450 450 450 450 250
700
N1 N12 N12 N12 N12 N12 N12 N12
N12 N12 N12 N12 N12 N12 N12 N1
788 450 450 450 450 450 450 450 5124 450 450 450 450 450 450 450 788
13000
1/2第2孔顶板平面图 1:50
支座中心线
500 95 79x150 55 500
8500/2
7900/2
3x90+160+6x90+160+6x90+160+6x90+160+6x90+160+5x90+80+140+3x100
140+80+5x90+160+6x90+160+6x90+160+6x90+160+6x90+160+3x90
50
13000
1/2第2孔底板平面图 1:50
注：
本图尺寸均以毫米为单位。
现浇钢筋混凝土连续空心板梁上部构造
跨径：3X13m 斜交角：0°
空心板普通钢筋构造图（二）
荷载标准：公路—Ⅱ级
桥面宽度：8.5m
图 号：4-5-2

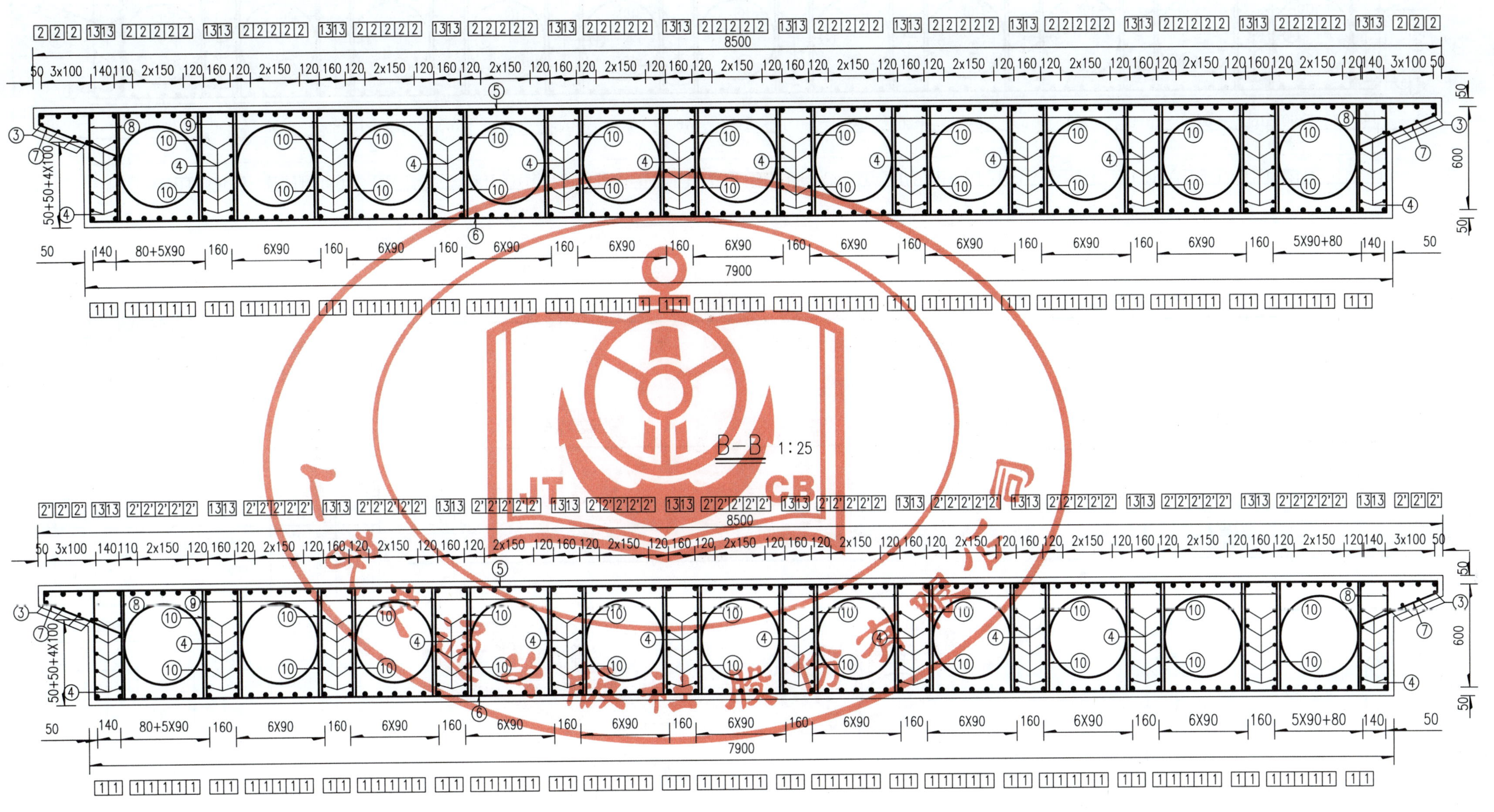

注：

本图尺寸均以毫米为单位。

现浇钢筋混凝土连续空心板梁上部构造 跨径：3X13m　　斜交角：0°	荷载标准：公路—Ⅱ级
	桥面宽度：8.5m
空心板普通钢筋构造图（三）	图　号：4-5-3

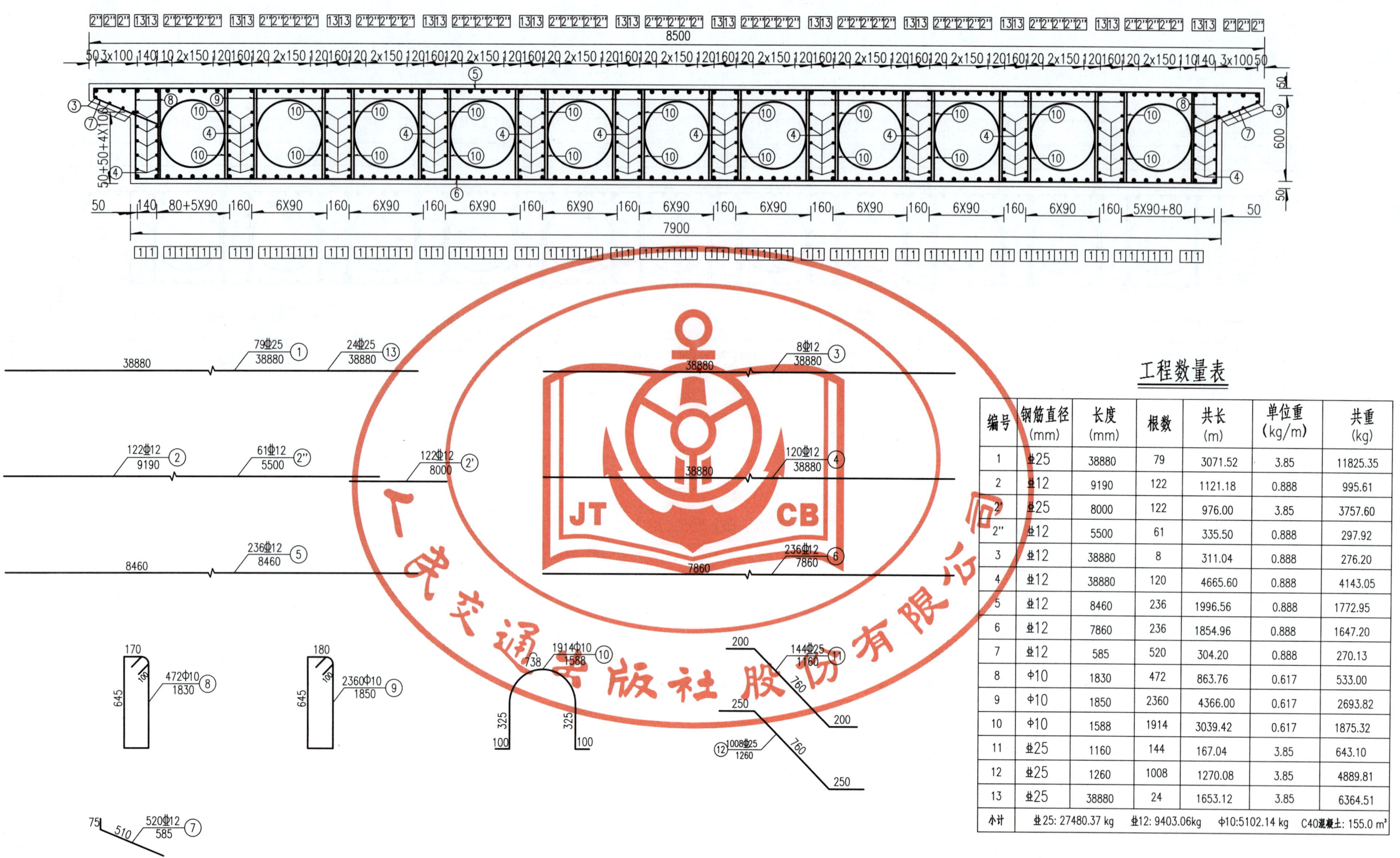

工程数量表

编号	钢筋直径 (mm)	长度 (mm)	根数	共长 (m)	单位重 (kg/m)	共重 (kg)
1	Φ25	38880	79	3071.52	3.85	11825.35
2	Φ12	9190	122	1121.18	0.888	995.61
2'	Φ25	8000	122	976.00	3.85	3757.60
2"	Φ12	5500	61	335.50	0.888	297.92
3	Φ12	38880	8	311.04	0.888	276.20
4	Φ12	38880	120	4665.60	0.888	4143.05
5	Φ12	8460	236	1996.56	0.888	1772.95
6	Φ12	7860	236	1854.96	0.888	1647.20
7	Φ12	585	520	304.20	0.888	270.13
8	φ10	1830	472	863.76	0.617	533.00
9	φ10	1850	2360	4366.00	0.617	2693.82
10	φ10	1588	1914	3039.42	0.617	1875.32
11	Φ25	1160	144	167.04	3.85	643.10
12	Φ25	1260	1008	1270.08	3.85	4889.81
13	Φ25	38880	24	1653.12	3.85	6364.51
小计	Φ25: 27480.37 kg		Φ12: 9403.06kg		φ10:5102.14 kg	C40混凝土: 155.0 m³

注:

1. 本图尺寸均以毫米为单位。
2. 腹板纵向主筋与腹板斜筋焊接成骨架，双面焊，焊缝长5d。
3. 本图混凝土工程数量包含横梁数量，横梁钢筋另见横梁钢筋图。
4. N10为内模的固定钢筋，间距40cm。

现浇钢筋混凝土连续空心板梁上部构造 跨径：3X13m 斜交角：0°	荷载标准：公路—Ⅱ级
	桥面宽度：8.5m
空心板普通钢筋构造图（四）	图 号：4-5-4

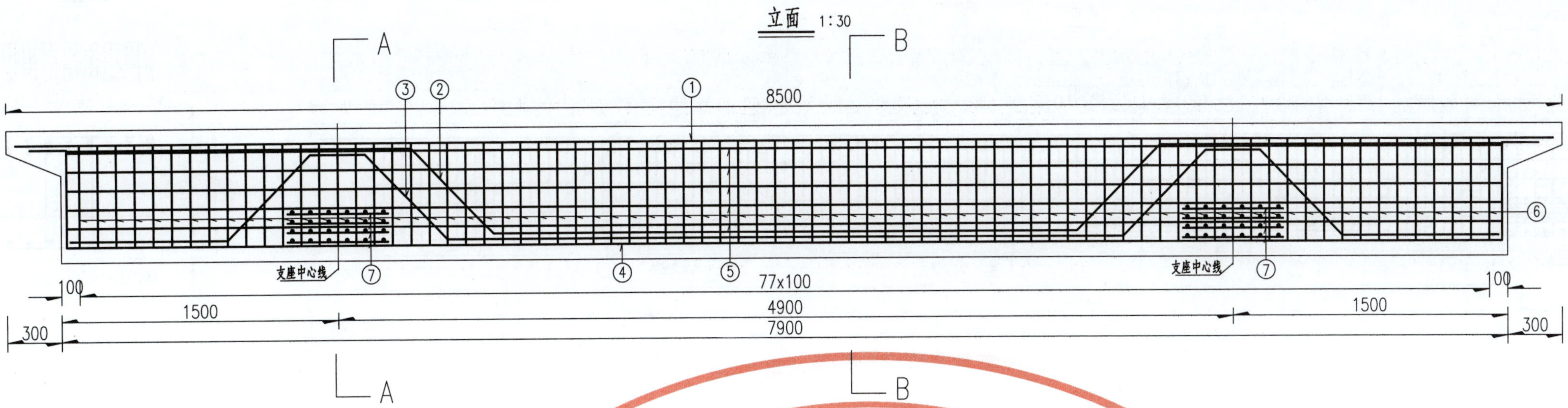

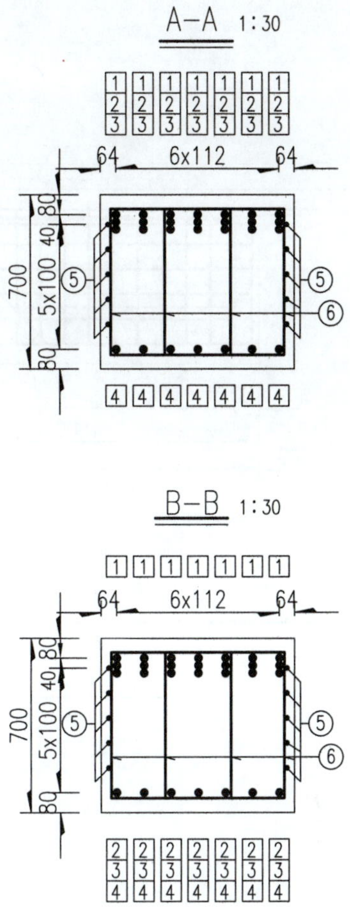

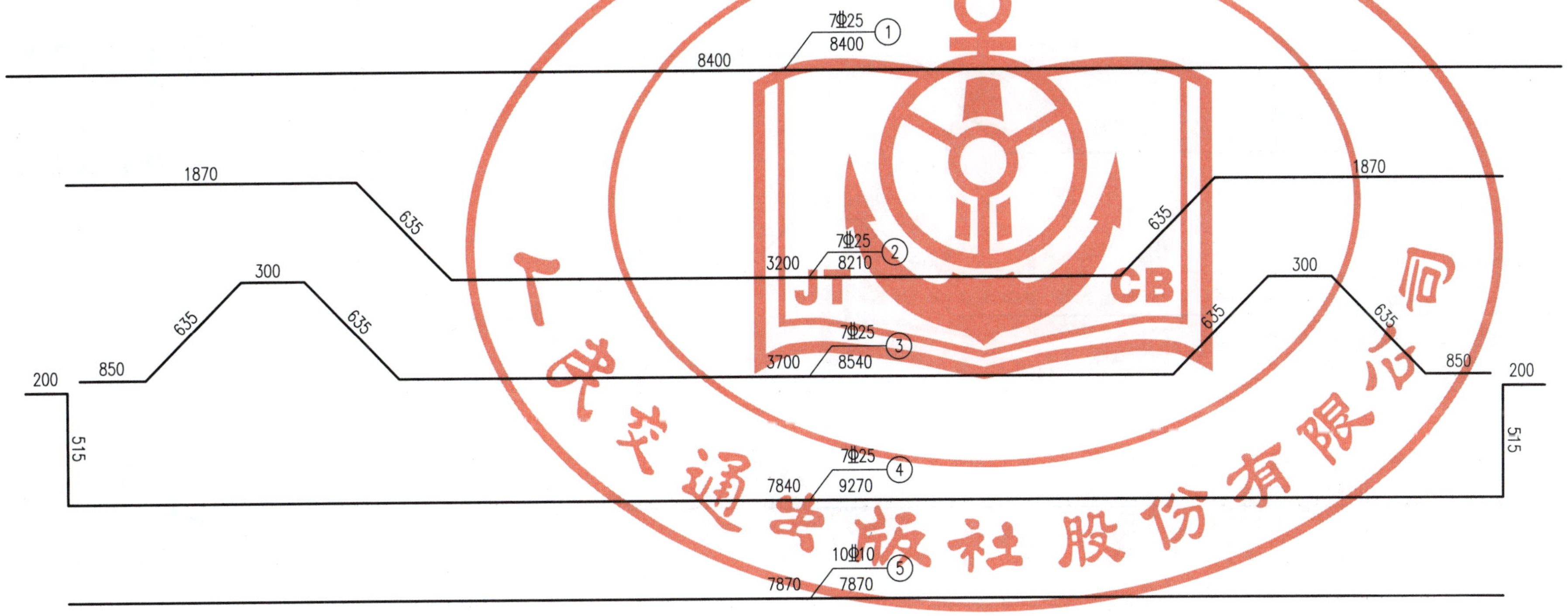

立面 1:30

A-A 1:30

B-B 1:30

端横梁钢筋明细表

编号	直径 (mm)	长度 (mm)	根数	共长 (m)	单位重 (kg/m)	共重 (kg)
1	⌀25	8400	7	58.80	3.85	226.38
2	⌀25	8210	7	57.47	3.85	221.26
3	⌀25	8540	7	59.78	3.85	230.15
4	⌀25	9270	7	64.59	3.85	249.83
5	Φ10	7870	10	78.70	0.617	48.56
6	⌀12	2166	154	333.56	0.888	296.20
7	Φ10	550	96	52.80	0.617	32.58
小计	⌀25: 927.62 kg		⌀12: 296.20 kg		Φ10: 81.14 kg	

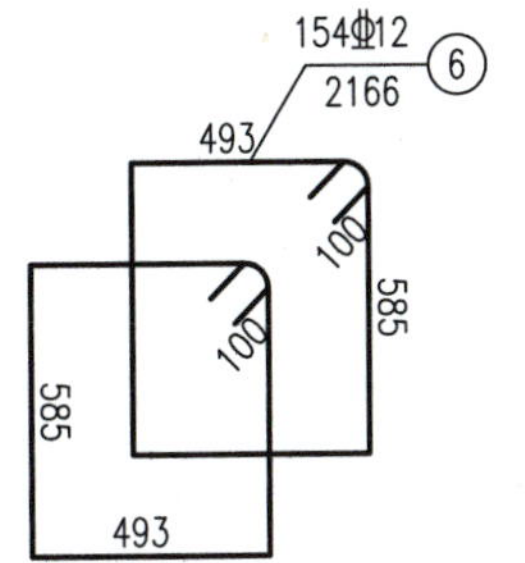

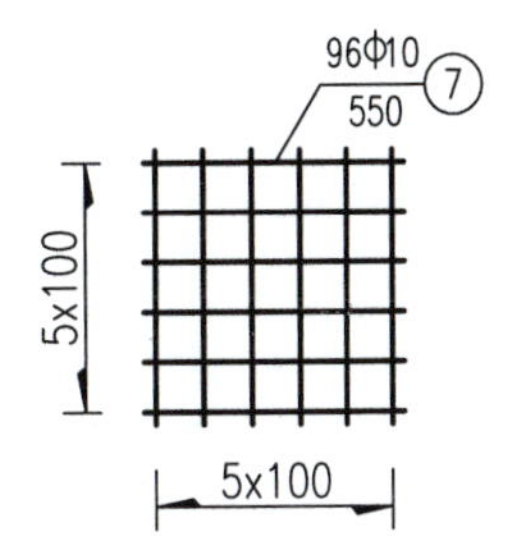

注:

1. 本图尺寸均以毫米为单位。
2. ①②③④号钢筋焊接成骨架，双面焊，焊缝长5d。
3. ⑦号钢筋为梁底加强钢筋网片，每层网片共计12根。钢筋网片间距8cm。

现浇钢筋混凝土连续空心板梁上部构造 跨径: 3X13m 斜交角: 0°	荷载标准: 公路—Ⅱ级
	桥面宽度: 8.5m
端横梁钢筋一般构造图	图 号: 4-6

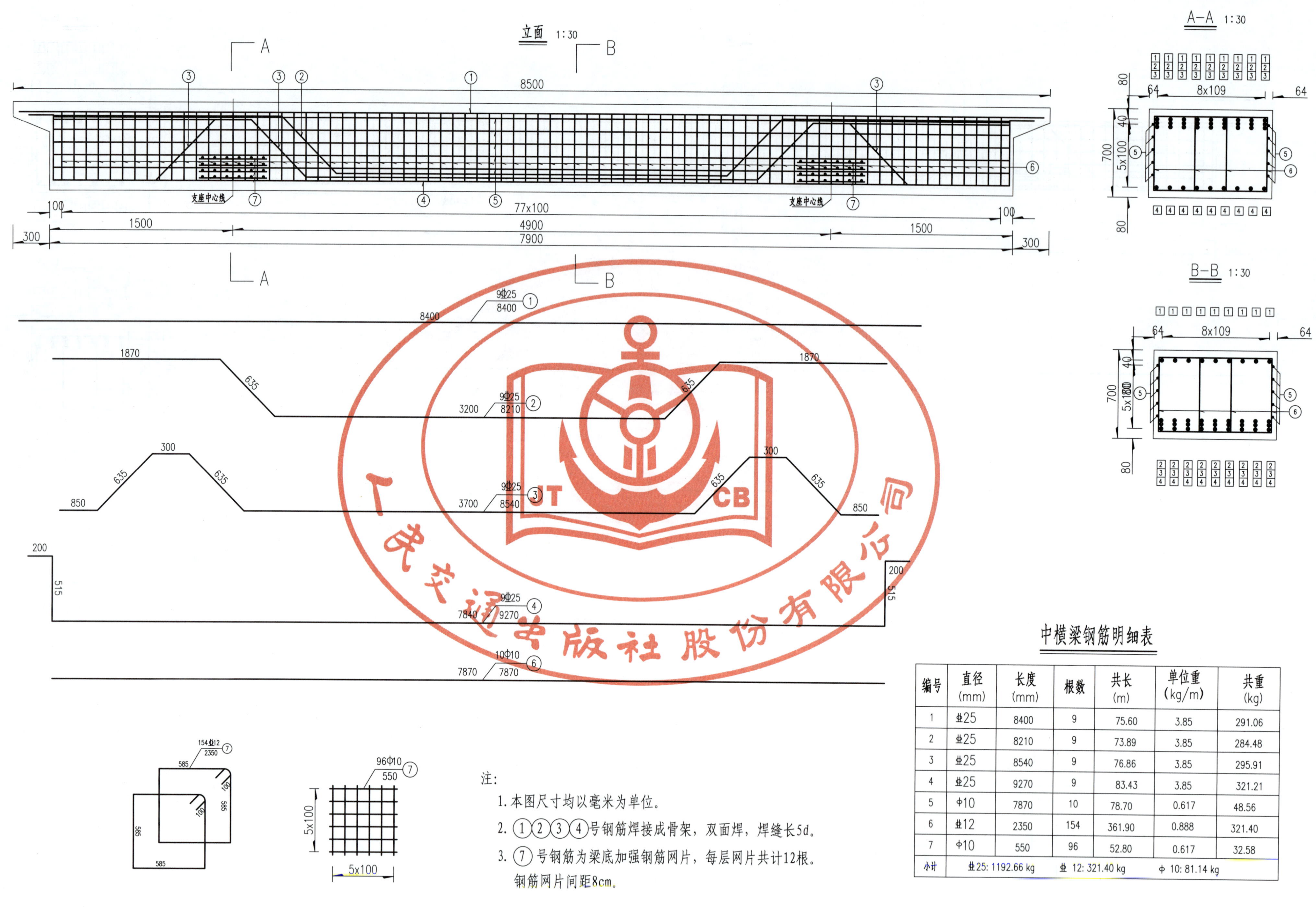

中横梁钢筋明细表

编号	直径 (mm)	长度 (mm)	根数	共长 (m)	单位重 (kg/m)	共重 (kg)
1	Φ25	8400	9	75.60	3.85	291.06
2	Φ25	8210	9	73.89	3.85	284.48
3	Φ25	8540	9	76.86	3.85	295.91
4	Φ25	9270	9	83.43	3.85	321.21
5	φ10	7870	10	78.70	0.617	48.56
6	Φ12	2350	154	361.90	0.888	321.40
7	φ10	550	96	52.80	0.617	32.58
小计	Φ25: 1192.66 kg		Φ 12: 321.40 kg		φ 10: 81.14 kg	

注：

1. 本图尺寸均以毫米为单位。
2. ①②③④号钢筋焊接成骨架，双面焊，焊缝长5d。
3. ⑦号钢筋为梁底加强钢筋网片，每层网片共计12根。钢筋网片间距8cm。

现浇钢筋混凝土连续空心板梁上部构造 跨径：3X13m 斜交角：0°	荷载标准：公路—Ⅱ级
	桥面宽度：8.5m
中横梁钢筋构造图	图 号：4—7

板式支座布置示意图

注：

本图尺寸均以毫米为单位。

现浇钢筋混凝土连续空心板梁上部构造 跨径：3X13m　　斜交角：0°	荷载标准：公路—Ⅱ级 桥面宽度：8.5m
支座布置示意图	图　号：4—8

桥面铺装配筋横断面

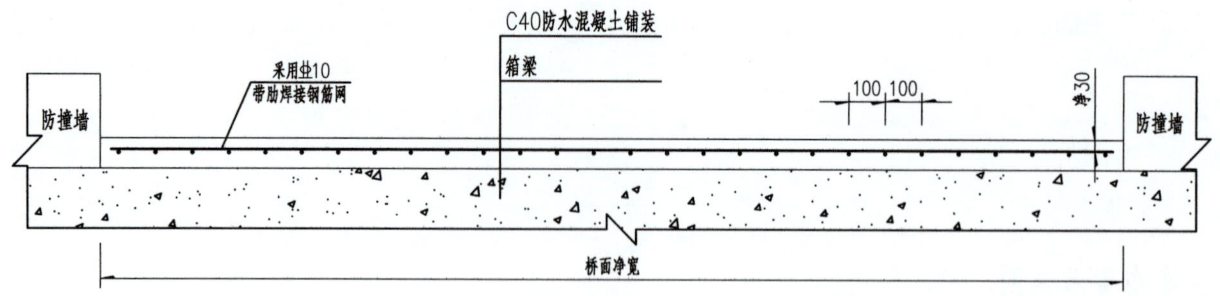

C40防水混凝土铺装
箱梁
采用⌀10
带肋焊接钢筋网
防撞墙
100 100
净30
防撞墙
桥面净宽

桥面铺装配筋平面

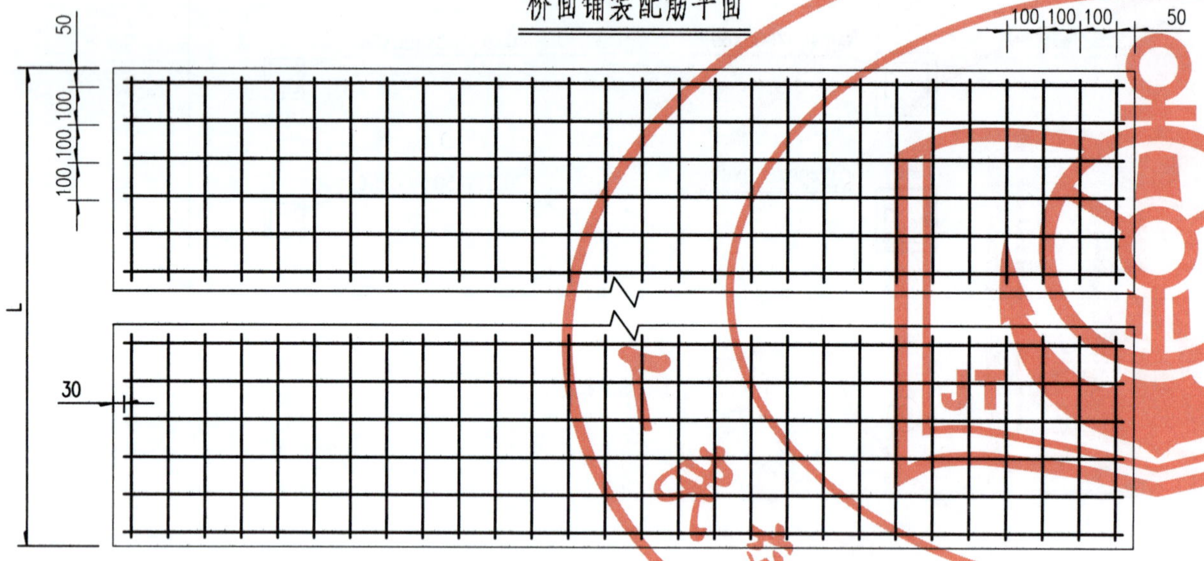

50
100 100 100
100 100 100 50
L
30

一孔桥面铺装工程数量表(L=13m)

桥面宽度	焊接钢筋网 (kg)	C40防水混凝土 (m³)
净7.5m	1202.20	9.8

桥面铺装配筋纵断面

C40防水混凝土铺装
箱梁
采用⌀10
带肋焊接钢筋网
50
100 100
净30
100 100
50
L

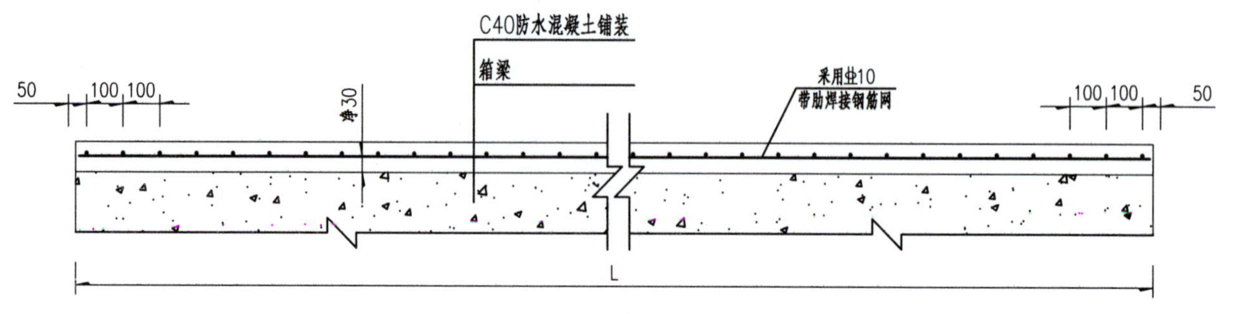

注:

本图尺寸均以毫米为单位。

现浇钢筋混凝土连续空心板梁上部构造 跨径：3X13m　　斜交角：0°	荷载标准：公路—Ⅱ级
	桥面宽度：8.5m
桥面铺装钢筋构造图	图　　号：4-9